ROBERT MISIK

KAPUTTALISMUS

aufbau

ROBERT MISIK

KAPUTTALISMUS

Wird der Kapitalismus sterben,
und wenn ja, würde uns das
glücklich machen?

aufbau

MIX
Papier aus verantwortungsvollen Quellen
FSC® C083411

ISBN 978-3-351-03635-5

Aufbau ist eine Marke der Aufbau Verlag GmbH & Co. KG

1. Auflage 2016

Satz LVD GmbH, Berlin
Druck und Binden CPI books GmbH, Leck, Germany
Printed in Germany

www.aufbau-verlag.de

INHALT

EINLEITUNG
Wie der Kapitalismus (wieder) ins Gerede kam

Die zeitgenössischen westlichen Marktwirtschaften sind große Ordnungen der Freiheit. So lautet das Basispostulat der heute herrschenden Ideologie, also des allgemein verbreiteten Glaubens. Und Ideologie, das wissen wir seit Marx, ist nicht bloß eine raffinierte Lüge, sie basiert eben auf einem Glauben, den diejenigen, die ihn verbreiten, teilen und der auf den ersten Blick auch eine scheinbare Plausibilität hat. Bei uns gibt es nicht nur Demokratie und Rechtsstaat, juristisch bewehrte Menschen- und Bürgerrechte, also die wichtigsten institutionellen Säulen der Freiheit, sondern auch die sanften, kulturellen Freiheiten – so wird uns nicht nur eingeredet, so scheint es uns letztlich auch sehr oft.

Der Konformitätsdruck, wie er noch in den biederen fünfziger Jahren des vorigen Jahrhunderts herrschte – er ist verschwunden. Unzählige Subgruppen in unseren Gesellschaften leben nach ihrem je eigenen Lebensstil, jeder darf nach seiner Fasson glücklich werden (oder unglücklich). Kaufen darf ich, was ich will. Leben und leben lassen, dieses menschenfreundliche Prinzip hat sich heute schon die hinterwäldlerischste Oma antrainiert. Man darf auch praktisch alles sagen, was man will. Noch der einfältigste Dummkopf darf die absurdeste Meinung äußern und sich dabei auf die beliebte Formel berufen: »Das wird man doch noch sagen dürfen!« Wer sich eine besonders bizarre Meinung zusammenbastelt, der wird mit einer Einladung in eine der beliebten Talkshows belohnt, zu Herrn Lanz oder Herrn Jauch.

Aber das ist nur die eine Seite der Wahrheit. Gleichzeitig gibt es das, was der französische Meisterdenker Michel Foucault vor vierzig Jahren »die Ordnung des Diskurses« genannt hat. Die wird von Regeln geprägt, die nie jemand formalisiert oder gar aufgeschrieben hat, die nie völlig klar sind, die aber doch jeder *irgendwie* kennt. Sie bestimmen, wer als respektabler Sprecher zu einem beliebigen Thema in Frage kommt. Sie bestimmen, was man sagen darf, wenn man weiter als respektabler Sprecher gelten will. Sie modellieren sogar Gesten und Zeichen. Etwa wie man sich kleiden muss, wenn man sich als Sprecher mit Autorität zu Fragen der Finanzpolitik äußern will (die Bankeruniform, also dreiteiliger Anzug für den Herrn, elegantes Kostüm für die Dame). Bis in die letzten Gesten hinein prägen sie ein Rollenmodell – eine gewisse lässige, aber kühle Überheblichkeit ist sehr von Nutzen, wohingegen wildes, hysterisches Herumgefuchtel eher unprofessionell wirkt. So darf also theoretisch bei uns zwar von jedem alles gesagt werden, aber jeder erkennt schon an den Begriffen, die jemand benutzt, an seiner äußeren Erscheinung und an seinem personalen Habitus, sogar am Tonfall, ob die sprechende Person dem Modell des »ernst zu nehmenden« Sprechers entspricht oder des »schrägen Querdenkers«, dem man zwar gelegentlich zuhört, den man aber immer auch ein wenig belächelt.

Uups, er hat »Kapitalismus!« gesagt

Diese subtilen Regeln des Diskurses haben vor zwanzig Jahren beispielsweise noch dafür gesorgt, dass das peinliche K-Wort – der Begriff »Kapitalismus« – bei uns kaum mehr gebraucht wurde. Wer »Kapitalismus« sagte, auch wenn er oder sie es nur als wertfreie Charakterisierung des westlichen Wirtschaftssystems benutzte, der stand automatisch unter dem Verdacht, unsere »freie Marktwirtschaft« (oder, wie sie auch gern genannt wurde, unsere »soziale Marktwirtschaft«) schlechtreden zu wollen. Die Person, die das K-Wort benutzte, musste dazu gar nichts explizit Kritisches über den Kapitalismus sagen, es reichte, es überhaupt zu benutzen, schon hatte sich die Person als Outsider zu erkennen gegeben. Wer Argumente vorbringen wollte und wünschte, dass diese gehört wurden, der tat also gut daran, die provokante Vokabel zu vermeiden, um nicht als Meinungsexzentriker zu gelten. Wer Kapitalismus sagte, der musste einfach ein Feind des Kapitalismus sein. Der Kapitalismus wurde also, so ähnlich wie Lord Voldemort in den Harry-Potter-Romanen, zu dem, dessen Namen man nicht nennen durfte.

Erst recht galt das natürlich, wenn man am Kapitalismus herumnörgelte, indem man etwa in Frage stellte, dass er die beste Ordnung sei, um immer mehr Wohlstand zu schaffen, seine Ungerechtigkeiten anprangerte oder gar seine Stabilität anzweifelte. Schließlich waren jene Gesellschaften, die sich Länder des »realen Sozialismus« nannten, gerade untergegangen. Der Kapitalismus hatte also doch gewonnen! Er hatte sich gerade als das bessere und funktionstüchtigere System erwiesen.

Überdies hatte er nicht nur in einer abstrakten Systemkonkurrenz gesiegt, die Menschen selbst hatten gewissermaßen mit den Füßen abgestimmt und waren mit wehenden Fahnen (oder sollte man besser sagen: mit flatternden Einkaufstüten?) übergelaufen. Die Bürger, etwa der DDR oder der Sowjetunion, hatten nicht nur ihre graugesichtigen Diktatoren und Apparatschiks satt, sie wollten auch so schöne Produkte haben, wie die Bürger in den kapitalistischen Staaten, deren Einkaufszentren wie das Paradies wirkten. Dass der Kapitalismus sterben könnte, das war eine These, die sich in diesen Jahren nicht einmal die übellaunigsten und weltfremdesten linksradikalen Spinner in die Debatte zu werfen getraut hätten.

Und noch aus einem anderen Grund wollten selbst jene, die den Kapitalismus trotz seines unbestreitbaren Triumphes nicht für das Gelbe vom Ei hielten, nicht allzu hartnäckig auf seinen inneren Widersprüchen herumreiten. Denn dass der Kapitalismus an seine Grenze stoßen würde – ja, dass er an seinen eigenen Widersprüchen zugrunde gehen könnte –, das hatten, auf die eine oder andere Weise, sowohl linke Kapitalismuskritiker wie Karl Marx, aber auch wirtschaftsliberale Kapitalismusfreunde wie der berühmte Ökonom Joseph Schumpeter vorausgesagt und lagen zumindest mit einem Teil ihrer Prognosen ziemlich falsch. Da schien es nicht besonders ratsam, sich auf Prophezeiungen einzulassen. Prognosen sind ja bekanntlich heikel, besonders wenn sie die Zukunft betreffen.

Stirbt der Kapitalismus?

Zwanzig Jahre später ist alles anders. »Kapitalismus« kann man schon seit einiger Zeit wieder völlig risikolos sagen. Und neuerdings fragen auch ernst zu nehmende Wirtschaftswissenschaftler, ob der Kapitalismus gerade stirbt. So schrieb Wolfgang Streeck, immerhin der Leiter des Max-Planck-Instituts für Gesellschaftswissenschaften, der zu Gerhard Schröders Zeiten in der Kommission saß, die sich die Hartz-IV-Reformen ausdachte, unlängst einen Aufsatz mit dem Titel: »Wie wird der Kapitalismus enden?« Ziemlich zeitgleich erschien eine Aufsatzsammlung mit dem Titel: »Stirbt der Kapitalismus?«

Die Krisendiagnosen, die vorgebracht werden, finden aber auch in höchsten Ökonomenzirkeln Resonanz. Der ehemalige amerikanische Finanzminister und spätere Investmentguru Lawrence Summers beispielsweise spricht neuerdings schon von der »säkularen Stagnation«, also einem langfristigen Trend der Stagnation, und der Wirtschaftsnobelpreisträger Paul Krugman hält einen »permanent Slump« – einen »permanenten Niedergang« – für eine durchaus realistische Option. Auch die Formel vom »stationary state«, also vom »stationären Zustand«, einer Ökonomie, die nicht mehr wächst, in der es, salopp gesagt, nicht mehr vorwärtsgeht, wird in Forscherkreisen immer häufiger gebraucht.

Daraus folgt nun nicht unbedingt die Prognose eines Zusammenbruchs des Systems, aber logischerweise zumindest die Frage, ob ein System, das aus seiner inneren Logik heraus dermaßen auf Dynamik und Expansion ausgelegt ist wie das kapitalistische, in einem Zustand *ohne Expansion* überhaupt weiterexistieren kann. »Is capitalism dying?«, diese Frage konnte man unlängst sogar auf dem Webportal der amerikanischen Unternehmerbibel »Forbes« lesen. James K. Galbraith, ein anderer Wirtschaftswissenschaftler von globaler Reputation, spricht in seinem jüngsten Buch vom »End of Normal«, also davon, dass das, was wir seit beinahe 300 Jahren als die Normalität des Kapitalismus ansehen – Wachstum, Wohlstandsmehrung, zunehmender Überfluss –, nunmehr an sein Ende kommt.

All das ist zunächst einmal eine (Spät-)Folge der Finanzkrise, die die Weltwirtschaft im Jahr 2008 an den Rand des Kollapses brachte, und der Geschehnisse seither: In allen großen Gravitationszentren der Weltwirtschaft wurde eine andere Politik versucht, aber keine konnte das System wieder flottmachen. Die hohe Verschuldung (oder, wie manche auch sagen: Überschuldung) aller Wirtschaftsakteure, also der Staaten, der privaten Haushalte, der Banken, konnte nirgendwo signifikant abgebaut werden; die USA versuchten eine gemäßigt expansionistische Politik durch staatliche Wirtschaftsankurbelung, was die Staatsschulden steigen ließ, die US-Wirtschaft zwar wieder auf einen Wachstumspfad zurückbrachte, aber bei weitem nicht mehr ausreichte, dass die Vereinigten Staaten wie in den Jahren zuvor als Lokomotive der Weltwirtschaft funktionieren. Und obwohl die Wirtschaft – schuldengetrieben – statistisch wächst, sinkt die Arbeitslosigkeit praktisch überhaupt nicht mehr.

Die Länder der Europäischen Union (genauer: der Eurozone) setzten dagegen auf eine panische Sparpolitik der öffentlichen Hand, was dem gesamten Kontinent eine Stagnation und einzelnen Ländern eine katastrophale Depression bescherte, ohne dass die Schuldenstände nennenswert abgebaut werden konnten; tatsächlich sind sie in Relation zur Wirtschaftsleistung in aller Regel sogar gestiegen.

Japan befindet sich ohnehin seit zwanzig Jahren in einem Zustand ökonomischer Stagnation, aus dem das Land nicht herauskommt. Und Schwellenländer wie China, Indien und Brasilien sind trotz ihres immensen Wachstums auf absehbare Zeit ökonomisch noch viel zu schwach, um zu neuen Gravitationszentren kapitalistischer Expansion werden zu können, und überdies gerade erst dabei, von exportorientiertem Wachstum ein wenig in Richtung Binnenkonsum umzusteuern. Mehr noch: Da ihre Exporte selbst einbrechen, werden sie zu neuen Sorgenkindern der Weltökonomie. Nimmt man alle zusammen, betrachtet man also den Weltkapitalismus als Einheit, dann werden die ökonomischen Probleme eher ärger als geringer.

Der Streit zwischen Neoliberalen und Keynesianern

Nun könnte man natürlich sagen, diese Probleme seien Folge einer falschen Politik, sie könnten aber mit einer anderen Wirtschaftspolitik gelöst werden. Das ist, sehr salopp und vorerst noch in sehr groben Strichen skizziert, die Kritik, die in aller Regel jene Ökonomen äußern, die der »keynesianischen« Schule zugerechnet werden – also jene Ökonomen, die der Lehre des legendären britischen Wirtschaftswissenschaftlers John Maynard Keynes anhängen. Tatsächlich war die wirtschaftspolitische Debatte in den Jahren nach 2008 von der Neuauflage der alten Kontroverse zwischen »Neoklassikern« (also den neoliberalen Ökonomen) und den »Keynesianern« geprägt.

Die Neoklassiker setzen auf Austerität: Wenn alle Wirtschaftssubjekte zusammen – vor allem der aus ihrer Perspektive böse Staat, aber auch private Haushalte und die Banken –, nur ihre Schuldenstände reduzieren, wenn Löhne und Sozialleistungen gesenkt werden, dann würden die Finanzmärkte wieder Vertrauen fassen, die Unternehmen würden wieder Optimismus entwickeln, die Konsumenten hätten wieder Zukunftshoffnung und würden mehr einkaufen, dann würde wieder investiert, und das Wachstum würde anspringen. Diese Rezeptur wurde vor allem in Europa ausprobiert – und sie endete in einem totalen Fiasko.

Die liberale Wirtschaftstheorie hat uns zuerst in eine ökonomische Katastrophe geführt und uns danach auch noch katastrophale Rettungsrezepte verschrieben. Sie ist so etwas wie ein Radar, das das Kommando »alle Kraft voraus« gibt, sobald es vor sich einen Eisberg ausmacht.

Die »Keynesianer« hatten diese fatalen Resultate vorausgesagt und waren daher von diesem Ergebnis keineswegs überrascht. Für sie war immer klar, dass das Überschuldungsgebirge, das sich aufgebaut hatte, nicht durch Sparen, also durch eine Einschränkung der Wirtschaftsleistung, abgebaut werden könnte, sondern nur durch Prosperität. Also müssten Löhne steigen, die Kaufkraft gestärkt, durch öffentliche Investitionen das Wachstum angekurbelt werden, und finanzieren sollte man das am besten durch eine Umverteilung von Oben nach Unten. Dieses Rezept wurde nicht ausprobiert. Vielleicht hätte es ja funktioniert.

Aber auch diese – hier etwas versimpelt dargestellte – Diagnose und Rezeptur des »keynesianischen Lagers« hat seine blinden Flecken und Fragwürdigkeiten, die vielen Keynesianern oder Halbkeynesianern auch bewusst sind. Das große Fragezeichen bezieht sich vor allem auf die Analyse jener globalen ökonomischen Tendenzen, die zur Katastrophe von 2008 geführt haben. Die Frage ist, wenn man die Details fürs Erste weglässt, eigentlich ganz einfach: Hat eine falsche Politik – Deregulierung, Flexibilisierung von Arbeitsmärkten, damit Lohnkürzungen, eine Verschlankung des Staates etc. – dazu geführt, dass der Kapitalismus von einem Zustand der Stabilität und Expansion in einen Zustand der Instabilität und des schwachen Wachstums übergegangen ist, kurzum: War diese Politik an der Krise schuld? Oder haben sich innerhalb des entwickelten Kapitalismus in den vergangenen vierzig Jahren bereits Krisentendenzen ausgebreitet (und zwar einer inneren ökonomischen Logik wegen), die dann erst zum Wechsel hin zu einer neoliberalen Politik geführt haben, etwa weil aufgrund sinkender Profitaussichten die Unternehmen eine Politik der Lohnsenkung, der Arbeitsmarktflexibilisierung, der Deregulierung der Finanzmärkte favorisiert haben, ist also umgekehrt die Krise an dieser Politik schuld?

Das ist die eigentliche Gretchenfrage, und wie man sie beantwortet, hat natürlich ganz immense Auswirkungen: Führt einen die Analyse eher zur ersten Antwort, dann wird daraus folgen, dass man mit einer anderen

Politik den globalen Kapitalismus wieder auf einen Erfolgspfad führen, ihn also gewissermaßen vor sich selbst retten kann. Führt einen die Analyse eher zur zweiten Antwort, dann liegt der Schluss nahe, dass der globale Kapitalismus seine beste Zeit hinter sich hat und es kaum eine Möglichkeit gibt, den Niedergang aufzuhalten.

Natürlich gibt es noch die Option, die beiden Antworten miteinander zu verbinden: Selbst wenn die ökonomische Analyse ergibt, dass der globale Kapitalismus noch zu retten wäre – etwa indem man die großen Vermögen durch massive Vermögenssteuern gleichsam enteignet und das Geld für den Abbau von Schulden und zur staatlichen Ankurbelung der Wirtschaft verwendet –, dann kann man immer noch der Auffassung sein, dass eine solche Vorgehensweise, auch wenn sie wirtschaftstheoretisch durchaus möglich sein mag, aus politischen Gründen vollends unrealistisch und undenkbar ist. Überlegungen wie diese muss man in der »wirklichen Welt« immer im Hinterkopf haben, sie sind aber im strengen Sinne schon keine Thematiken der ökonomischen Analyse mehr.

Es sind diese zwei grundlegenden Fragen (oder, wie man auch sagen könnte: zweieinhalb grundlegenden Fragen), die ich in diesem Buch untersuchen möchte. Und zwar, erstens, auf möglichst nüchterne Weise, also unabhängig davon, was ich mir wünschen würde. Denn mit einer von überstürzten und verkürzten Urteilen geleiteten Analyse ist natürlich niemandem geholfen.

Zweitens möchte ich diese kühle Analyse auf möglichst allgemeinverständliche Weise versuchen. Ökonomische Zusammenhänge sind sicherlich sehr komplex, und es erfordert eine gewisse »Übersetzungsleistung«, sie so darzustellen, dass jeder Laie bis in die Details folgen kann, obwohl Ökonomen dazu neigen, die Geschehnisse in einer Art Geheimsprache zu behandeln.

Begeben wir uns also auf unsere Reise durch den Dschungel Kapitalismus, werfen wir uns ins Gestrüpp, und beginnen wir mit unserer Erkundung in jenen Ländern, in denen sich der Niedergang dieses Wirtschaftssystems gerade besonders dramatisch zeigt. In Griechenland und Spanien.

1. KAPITEL
Aufstieg und Fall des Austeritätskultes

Tessaloniki, im Juni 2015. Ich blinzle verschlafen, der Regen peitscht durch das offene Fenster in mein Gesicht. It's a hard rain's a-gonna fall. Der Himmel öffnet sich, als wolle er die Eulen von den Bäumen fegen. Im Nebenzimmer knallt Katerina Notopoulou die Balkonläden zu. Die 27-jährige Psychologin ist Mitglied des Zentralkomitees der Syriza-Partei und speziell für die Verbindung der Partei zu allen Sozial-, Solidaritäts- und Graswurzelbewegungen in ganz Griechenland zuständig. Seit ein paar Monaten regiert die linke Partei Griechenland, und es sind gerade jene Frühsommertage, in denen sich der Grabenkampf zwischen der Linksregierung des jungen Premierministers Alexis Tsipras und dem Austeritätsblock in der Eurogruppe – also gewissermaßen dem »Obersten Sowjet« der Eurozone – immer mehr zu einem Showdown hochschaukelt.

Wir gehen zum lokalen Syriza-Büro, dort packt Katerina mit ein paar Freundinnen Plastiksäcke mit Pampers-Windeln, Damenbinden, Kinderspielzeug, Essen, Wasser, Zahnbürsten, Zahnpasta ins Auto. Katerina hat mit einigen Gleichgesinnten die Solidaritätsinitiative »Kleiner Einkaufskorb« gegründet. Die Idee ist simpel: Leute bringen Waren des täglichen Bedarfs vorbei, und sie werden an jene Leute verteilt, die sich selbst das Nötigste nicht mehr leisten können – seien sie Griechen oder Nichtgriechen, ganz egal.

Wir fahren durch die Stadt auf der Suche nach Flüchtlingen, die heute Nacht in der zweitgrößten Stadt Griechenlands gestrandet sind. In einer Stadt, die nichts weiter für die Flüchtlinge tut, als vier chemische Toiletten aufzustellen. In der Nähe des Hauptbahnhofs finden wir mehrere Familien aus Afghanistan, die in einem Park kampieren. Die Frauen verteilen alles.

»Passt auf euch auf«, ruft Katerina, und ihre kleine Zahnlücke blitzt auf. Dabei lacht sie auf ihre gewinnende Art, mit dieser weltumarmenden Freundlichkeit, der sich kaum jemand entziehen kann, der ihr begegnet. Die braunen Haare wehen ihr ins Gesicht.

Später sitze ich mit einer der Frauen auf einer Parkbank. Sie erzählt, dass sie arbeitslos und schon froh ist, drei- oder viermal im Jahr einen Job für einen Monat zu ergattern. Mehr hat sie nicht. Ich rechne mir aus, dass sie damit im besten Fall auf 3000 Euro kommt, die sie pro Jahr zur Verfügung hat und die sie dann auf die anderen Monate aufteilen muss. Jede Fahrt in die Innenstadt ist für sie ein Problem. Einmal hin und her kostet 2,40 Euro mit dem öffentlichen Bus – und das ist in ihrer Lage sehr viel Geld. Häufiger als zehnmal im Monat kann man sich das nicht leisten. Der Gedanke, dass Leute in so einer Lage sich auf die Suche nach Flüchtlingen machen, um diesen zu helfen, beschämt mich, vor allem wenn ich an die hysterischen Anti-Flüchtlingskampagnen bei uns daheim denke.

Nächste Station: Die »Klinik der Solidarität«. Dreißig Prozent der Griechen sind ohne Krankenversicherung, das sind drei Millionen Menschen, die nicht einmal im Notfall zum Arzt gehen können. Hunderttausenden wurde der Strom gekappt, weil sie die Rechnungen nicht mehr bezahlen konnten.

»Wir waren dreißig Verrückte, die die Idee hatten, eine Klinik für diese Leute zu gründen«, lacht Katerina. Jetzt arbeiten 300 Freiwillige für die Klinik, und 300 weitere Ärzte haben ihre Praxen für jene geöffnet, die ihnen die Solidaritätsklinik vorbeischickt. Die Solidaritätsklinik ist in ein Stockwerk eines alten Gewerkschaftsgebäudes im ärmlichen Westteil der Stadt gezwängt. »Zahnärzte, Frauenärzte, Allgemeinmediziner, wir haben hier alles. Schwangere müssen in einer normalen Klinik für eine Geburt 900 Euro bezahlen. Es gab sogar Fälle, in denen die Spitäler, wenn die Frauen nicht zahlen konnten, die Babys als Pfand zurückhielten.«

Es sind diese Orte, an denen einen die humanitäre Katastrophe förmlich anspringt. Ansonsten muss man die Bilder der Krise eher suchen. Im Alltag sind sie nicht präsent. Die Leute sind schick angezogen. Die Cafés und Bars sind voll, schon deshalb, weil man dorthin gehen muss, wenn man sich nicht vollends aufgeben will, weil sie Kontaktbörsen der informellen Ökonomie sind. Erst wenn man genau hinsieht, realisiert man, dass die Leute vier Stunden an einem Bier nuckeln und ansonsten Gratiswasser trinken. Fast jeder Grieche hat eine Eigentumswohnung, also sind die Wohnkosten niedrig. Wer eine zweite hat, vermietet sie. Oft können die Mieter dann ihre Miete nicht mehr zahlen – und bleiben einfach in diesen Wohnungen.

Die Tausch- und informelle Ökonomie floriert. Der eine kann Computer reparieren, der andere hat ein wenig Landwirtschaft. Man hilft sich gegenseitig oder versucht irgendein Business aufzuziehen, das 100 oder 200 Euro im Monat bringt. Es ist ein Sich-Durchschlagen, das gerade noch gut genug funktioniert, sodass das nackte Elend im Alltag noch nicht sichtbar ist. Man muss fragen, an der Oberfläche kratzen, damit es sich zeigt.

In den Gesprächen eröffnet sich, was »Große Depression« heißt: Wenn etwa eine junge Frau erzählt, dass der Vater, der an der Universität unterrichtet, als Einziger noch einen Job hat, man aber sein Gehalt von 1800 auf rund 900 Euro gekürzt hat; dass die Mutter, die vorher gut verdiente, jetzt arbeitslos ist, weil die Firma bankrottging; dass die eine Schwester arbeitslos ist, die andere aber noch einen »Job« hat – zweimal kellnern in der Woche bringt 120 Euro im Monat. Die Oma hat noch eine kleine Rente von 400 Euro. Der Bruder, knapp vierzig Jahre alt, zieht zu den Eltern zurück, was er als Niederlage und Autonomieverlust erlebt. Ergibt 1420 Euro im besten Fall, von denen sechs Menschen leben. Mit den Kreditraten für die Wohnung ist man im Rückstand. Und, wohlgemerkt: Das ist die Normalität in der oberen Mittelschicht, keine Elendsstory vom Rand der Gesellschaft. Permanente Verletzlichkeit, nur einen Schritt vom Totalabsturz entfernt.

Madrid, im September. Ich sitze mit Miguel Mora in einem Parkcafé in einem der wohlhabenden Außenbezirke der spanischen Hauptstadt. Hier findet man noch die Wähler der Rechten, der konservativen PP. Klassisches Bürgertum und harte frankistische Rechte. Aber, sagt Miguel, »das etablierte System ist in einer Bunkermentalität. Das System hat Angst. Die Stimmung im

Land geht in Richtung Reset, Neubeginn.« Miguel Mora hat ein Leben lang als Journalist gearbeitet, war Korrespondent für »El País«, bis das legendäre Qualitätsblatt auf Etabliertenlinie geprügelt wurde. Danach hat er sein eigenes Medienstartup gegründet, *ctxt.es*, eine der wichtigsten Stimmen für Spaniens »Gegenöffentlichkeit«.

Spanien in diesem Spätsommer: Das Land könnte der nächste Dominostein der europäischen Austeritätsfront sein, der fällt. So ähnlich wie Griechenland, das gerade ein zweites Mal Alexis Tsipras und seine linke Syriza-Partei gewählt hat. Aber eben auch nur so ähnlich: Denn Spanien ist nicht Griechenland, das bekommt man sofort mit, wenn man mit den Leuten spricht, mit wem auch immer.

Klar, Spanien liegt auch ökonomisch nicht so sehr am Boden wie Griechenland, aber das ist noch der geringste Unterschied, denn mit Arbeitslosenquoten von knapp 25 Prozent, einem ökonomischen Absturz in vielen Städten und Regionen, mit einer Auswanderungswelle bei jungen Menschen und vielen jenseits der dreißig, die weiter bei ihren Eltern wohnen müssen, ist die ökonomische Depression drückend genug. »Natürlich gibt es eine statistische Erholung, Spaniens Bruttoinlandsprodukt wächst wieder ein wenig«, sagt Mora. »Aber davon spürt niemand etwas. Allein die Löhne sind um 30 Prozent zurückgegangen.«

Ein paar Monate zuvor, im Januar 2015, erklomm ein kleiner drahtiger Mann mit Pferdeschwanz die Bühne der großen Syriza-Wahlkundgebung in Athen und sagte:

»Patriotismus bedroht niemanden, denn wirkliche Patrioten sind dann stolz auf ihr Land, wenn sie sehen, dass alle Kinder – egal, woher sie kommen – in saubere Schulen gehen können, und das in ordentlichen Kleidern, mit vollem Magen und mit Schuhen an ihren Füßen.« Der junge Mann, Pablo Iglesias, hatte gerade in Madrid eine neue Partei gegründet – »Podemos«, was so viel heißt wie »wir können es« – und damit schon das spanische Parteiensystem ziemlich aufgewirbelt. »Sie haben uns PIGS genannt«, donnerte er von der Bühne herab. Aber damit, so die Botschaft, sei nun Schluss.

Nachdem der Weltkapitalismus in die Finanzkrise geraten war und die schwächsten Kettenglieder, etwa die Länder an der südlichen Peripherie, zu brechen begannen, hatte sich langsam ein Diskurs eingeschlichen, der nicht mehr den Finanzinstitutionen die Schuld für das Desaster gab, sondern den angeschlagenen Staaten. Es hatte sich sogar so etwas wie ein Wirtschaftsrassismus verbreitet, der die ökonomischen Schwierigkeiten mit nationalkulturellen Mentalitäten zu erklären versuchte – die Südländer sind eben alle unsolide Siesta-Nationen, denen man den Schlendrian austreiben müsse, und zwar mit ökonomischen Zwangsjacken. In der Liebe der Technokraten zu Akronymen hatte man auch gleich einen Namen für die Krisenstaaten Portugal, Italien, Griechenland und Spanien: PIGS, was gewiss nicht ganz zufällig das englische Wort für »Schweine« ist. Die Europäische Union, die eigentlich als Allianz gleichberechtigter Nationen auf Augenhöhe gedacht war, war nun zu einem Staatenbund geworden, in dem die nördlichen Nationen, ohne sich viel dabei zu denken, die südlichen Nationen als »Schweine« bezeichneten.

Ein paar Monate später sitze ich mit dem katalanischen Journalisten und Autor Guillem Martínez in einem Café in der Plaça Sant Augustí in Barcelona. »Das erste Mal in meinem Leben sehe ich Menschen, die hungern«, schildert er. »Das erste Mal sehe ich Dinge, die ich bisher nur aus den Erzählungen meines Vaters aus Kriegstagen kannte.« Spanien war es ähnlich wie Griechenland ergangen. Eine harte Sparpolitik wurde verordnet, die die Wirtschaftsleistung des Landes dramatisch reduzierte. Die Arbeitslosigkeit schoss in die Höhe, junge Leute hatten kaum mehr eine Chance, eine halbe Generation ist emigriert. Dabei sind die Krisenstaaten gewissermaßen nur die Spitze des Eisbergs. Alle, auch die starken EU-Staaten, versuchten gleichzeitig, ihre Staatshaushalte einzuschränken, der ökonomischen Doktrin folgend, dass »wir alle über unsere Verhältnisse gelebt« hätten und es schon wieder aufwärtsgehen, wenn ab nun »solide« gewirtschaftet würde.

Es hatte sich eine Storyline durchgesetzt: Die Staaten hatten angeblich unverantwortlich gewirtschaftet. Dafür gäbe es nun kein Geld mehr. Die Staaten müssten sparen und alle zusammen ihren Gürtel enger schnallen. Mit der ungesunden Schuldenwirtschaft müsse Schluss gemacht werden. Das war schon eine recht erstaunliche Volte in der Debatte, denn unmittelbar nach dem Finanzcrash 2008 hätte kaum jemand den Staaten die Schuld an der Krise gegeben. Damals war noch jedem klar, dass Banken und andere Finanzinstitutionen unsolide gewirtschaftet, einen regelrechten Raubzug veranstaltet, Risiken auf Risiken getürmt, buchstäblich ein Kartenhaus aufgebaut hatten, das immer wackeliger wurde und schließlich einstürzte.

Wie die Banken und die Reichen gerettet wurden

Auf die Ursachen und inneren Dynamiken dieses Schuldenexzesses werden wir noch zurückkommen müssen – weil wir der Frage nachgehen werden, ob es innerhalb des Finanzsystems eine intrinsische, systemische Tendenz zur Instabilität gibt, und zudem untersuchen müssen, ob die Dominanz des Finanzsektors über die gesamte Wirtschaft selbst eher Folge oder eher Ursache langfristiger Krisentendenzen ist. Klar ist: Im Jahr 2008 hatten nahezu alle Finanzinstitutionen der Welt immense Risikopositionen aufgebaut, sich untereinander massiv verschuldet, gleichzeitig waren viele von ihnen dermaßen groß geworden, dass der Zusammenbruch einer weiteren Bank einen fatalen Dominoeffekt ausgelöst hätte. Die Staaten mussten die Banken daher retten. Oder sagen wir genauer: Die Annahme war allgemein verbreitet, dass die Staaten die Banken retten müssen, und diese Annahme wurde von der Bankenlobby natürlich noch verstärkt. Welche Folgen eingetreten wären, hätte man die Banken einfach bankrottgehen lassen, wurde natürlich nie erprobt – das Risiko war einfach zu groß. Im Grunde verfuhren damals alle führenden Nationen der Welt nach dem gleichen Muster.

Ein Beispiel, wie die Dinge geregelt wurden, ist das kleine Irland mit seinen gerade einmal 4,5 Millionen Einwohnern und einer Fläche, die kleiner ist als Österreich oder etwa gleich groß wie Bayern.

Irland galt lange als Paradies der Deregulierung, mit niedrigen Steuern und wenig Restriktionen, sodass große Banken gern in Irland Geschäfte machten. Die irischen Banken pumpten sich regelrecht mit Geld voll, sogen Investorengelder aus ganz Europa an und machten damit riskante Geschäfte. Als der Zusammenbruch des Finanzsystems die Banken kollabieren ließ, beschloss die irische Regierung, praktisch die gesamten Schulden der Banken zu übernehmen. »Mehr als 70 Milliarden Euro zusätzlicher Schulden hat der irische Staat seit 2008 schon machen müssen, um die im Boom aufgeblähten Banken zahlungsfähig zu halten – eine Summe, die, angepasst an die volkswirtschaftliche Größe von Deutschland, mehr als eine Billion ausmachen würde. Gleichzeitig kürzte die Regierung radikal die Ausgaben«, schreibt Harald Schumann, der jahrelang für eine große Reportageserie und eine TV-Dokumentation mit dem Titel »Staatsgeheimnis Bankenrettung« an allen Schauplätzen des Geschehens recherchiert hat.

Was man in Irland in Reinkultur beobachten kann, ist das Basisprinzip der Bankenpolitik der Europäischen Union: »Den bedingungslosen Freikauf der Gläubiger von überschuldeten Banken zu Lasten der Steuerzahler« (Schumann).

Um dieses Prinzip zu verstehen, muss man es sich im Detail ansehen. Banken haben grundsätzlich drei Möglichkeiten, zu Geld zu kommen: Erstens können sie sich neue, zusätzliche Eigentümer (Aktionäre) suchen, die sich mit ihrem Geld direkt an der Bank beteiligen. Sie können Spareinlagen normaler Bürger verwalten. Oder sie können sich verschulden, um mit dem geliehenen Geld ihre Geschäfte zu machen. Verschulden tun sie sich, indem sie entweder bei anderen Banken Kredite aufnehmen oder indem sie Anleihen ausgeben. Diese Anleihen kaufen dann Investoren aus aller Welt. Und diese Schulden der Banken hat die Regierung zur Gänze übernommen. Das heißt: Irische Steuerzahler sorgen dafür, dass diejenigen, die den irischen Banken Geld geliehen haben, dieses Geld bis auf den letzten Euro und Cent zurückerhalten. Wen sie aber mit ihrem bitter erarbeiteten Geld retteten, das hat man den irischen Steuerzahlern nicht gesagt. Dies sei doch schließlich »keine wichtige Information«, zudem handele es sich leider um »Geschäftsgeheimnisse«, wurde wütenden Bürgern und kritisch fragenden Journalisten mitgeteilt.

Es war der Blogger Paul Staines, der etwas Licht in das Dunkel brachte, als er 2010 eine Liste von achtzig Finanzinstituten veröffentlichte, die Anleihen der Anglo Irish hielten, der größten Pleitebank. Auf der Liste fanden sich internationale Großbanken wie Allianz, Barclays, Crédit Suisse, Deutsche Bank, Goldman Sachs, HSBC oder Société Générale. Auch Töchter österreichischer Banken, wie Erste und Raiffeisen, gehörten laut Staines zu den Profiteuren.

Das Geld der irischen Steuerzahler floss und fließt also direkt auf die Konten internationaler Großbanken.

Aber in noch einer anderen Hinsicht ist Irland ein Exempel der europäischen Krisenpolitik: Da durch die Übernahme der Bankschulden die irischen Staatsschulen sprunghaft von knapp 25 Prozent des BIP auf mehr als 117 Prozent des BIP angewachsen waren, bekam Irland Schwierigkeiten, die nötigen Milliarden zu annehmbaren Zinsen am Kapitalmarkt aufzutreiben. Aus der Bankenkrise wurde eine Staatsschuldenkrise. Dem Land drohte die Pleite. Deswegen musste sich Irland unter die Fittiche des EU-Rettungsschirms flüchten. Das Land erhielt Hilfsgelder durch den Europäischen Stabilitätsmechanismus (eine Art europäischer Superbank, deren Eigenkapital von den EU-Mitgliedsstaaten stammt und die krisengeschüttelten Staaten einigermaßen bezahlbare Kredite zur Verfügung stellt, über die später noch im Detail zu reden sein wird). Im Austausch dafür wurde das Land praktisch unter Kuratel der EU-Troika aus Europäischer Zentralbank, EU-Kommission und dem Internationalen Währungsfonds IWF gestellt.

Nach landläufiger Meinung wurde Irland, weil es Geld aus dem EU-Rettungsschirm erhielt, also von »uns« gerettet – von den wirtschaftlich starken europäischen Ländern wie Deutschland, Österreich oder Frankreich. Allerdings muss man dazu zweierlei wissen. Erstens: Irland bekommt kein Geld geschenkt, sondern nur Kredite, die seine Bürger noch jahrzehntelang zurückzahlen müssen, sofern das Land nicht doch noch bankrottgeht. Und zweitens erhält Irland dieses Geld, um die Gläubiger seiner Banken bedingungslos auszubezahlen. »Das Geld der deutschen Steuerzahler kommt hier an und geht noch vor Geschäftsschluss an die deutschen Banken zurück«, beschreibt ein irischer Wirtschaftspublizist diesen bizarren Vorgang.

89,5 Milliarden Euro flossen laut einer Berechung der NGO Attac allein von 2010 bis 2013 von Irland an den Finanzsektor – den Löwenanteil an Gläubigern der irischen Banken. Die sogenannte Irland-Rettung ist also nichts anderes als eine reine Reichen-Rettung, eine Rettung der Gläubiger Irlands, die nicht einmal das klitzekleinste Opfer bringen mussten. Eine der bizarrsten Episoden dieser Geschichte ist, dass sogar der Internationale Währungsfonds dafür plädierte, den Gläubigern einen Anteil abzuverlangen. Doch vor allem aufgrund brachialen Drucks durch die Europäische Zentralbank wurde diese Idee sofort abgeschmettert.

Warum die Europäische Zentralbank und die tonangebenden Politiker in der Europäischen Union eine solche Politik favorisieren, dafür gibt es mehr oder weniger simple Erklärungen. Eine Erklärung: In den wichtigsten Institutionen geben einfach die Lobbyisten der Finanzbranche den Ton an, schließlich kam ja beispielsweise auch EZB-Chef Mario Draghi aus der Vorstandsetage von Goldman Sachs. Eine weitere simple Erklärung, die ebenfalls nicht falsch ist: Die Bankenlobby ist so mächtig, finanzkräftig und gut vernetzt, dass sie durch vielfältige Einflussmöglichkeiten Regeln in ihrem Sinne bestimmen kann. Die nicht so simple, aber wohl wichtigste Erklärung: Jeder Verzicht von Anleihebesitzern auf ihre Ansprüche würde weitere schwarze Löcher ins ohnehin trudelnde europäische Finanzsystem reißen.

Denn wir erinnern uns: Es sind ja nicht in erster Linie reiche Leute, die privat diese Anleihen halten. Natürlich, auch die gibt es: Leute, die 300 000 Euro übrig haben und selbst, auf eigene Rechnung, Anleihen von Banken, Staatsanleihen oder andere Wertpapiere halten. Würden sie verlieren, wäre das für diese Leute zwar unangenehm, sie wären dann nämlich vielleicht nur mehr halb so reich, aber es hätte keine großen systemischen Folgen.

Doch ein Großteil der irischen Bank- und jetzt Staatsschuld wird ja von anderen Banken, Investmentfonds, Pensionsfonds oder Versicherungsunternehmen gehalten – und in deren Büchern stehen diese Zahlungsversprechen ja als »Wert«. Würden diese »Werte« abgeschrieben werden müssen, würden diese Finanzinstitutionen ihrerseits zusammenbrechen wie Kartenhäuser. Um am Beispiel der geleakeden Liste der Anleihehalter der Anglo Irish zu bleiben: In dem Moment, in dem die Anleihen ausfallen würden, hätten Allianz, Barclays, Crédit Suisse, Deutsche Bank, Goldman Sachs, HSBC, die Société Générale, Raiffeisen oder die Erste ein Problem. Möglicherweise wäre die eine oder andere Bank dann selbst überschuldet oder sogar pleite. Dann müsste sie wiederum von ihrem Staat gerettet werden.

Die Krisenstrategie in Spanien folgte derselben Blaupause: Spanische Banken hatten sich mit internationalen Investorengeldern aufgepumpt und das Geld in die Immobilienbranche geleitet. Als die spanische Immobilienblase platzte, waren die Banken überschuldet und mussten notverstaatlicht werden. Die Schulden der Banken wurden den Steuerzahlern aufgebürdet, sodass die Staatsschulden exorbitant stiegen. Spanien, das die Schulden der Banken bedienen musste, kam nicht mehr an das nötige Geld und musste unter den europäischen Rettungsschirm flüchten. Die von europäischen Steuerzahlern garantierten Gelder flossen nach Spanien und von da direkt wieder zurück in die Taschen deutscher, französischer, Schweizer Banker, zu Fonds und auf die Konten vermögender Anleger.

In Griechenland sieht die Sache nicht sehr viel anders aus, auch wenn hier die früheren Regierungen selbst unverantwortlich gewirtschaftet haben, im Unterschied zu Spanien und Irland, wo die Schuld bei den Banken liegt. Investoren und Banken aus den reichen Teilen EU-Europas hatten deshalb nicht so sehr in griechische Bankanleihen, sondern mehr in griechische Staatsanleihen investiert. Sie haben, im Vertrauen auf einen Boom an der Peripherie und in der Hoffnung auf ordentliche Renditen, dem griechischen Staat das Geld förmlich nachgeworfen – bis Griechenland praktisch pleite war. Allerdings stimmt nicht einmal das Narrativ, dass der griechische Staat sich in den Boomjahren praktisch bis an den Rand der Pleite verschuldet hat, also die Schuld bei den früheren Regierungen liegt.

Wie wir alle für die Finanzindustrie zahlen

Eine Studie der Europäischen Zentralbank hat herausgearbeitet, dass erst die Bankenkrise, die dazu führte, dass die griechische Regierung wie alle anderen Regierungen auch Garantien für die wackelnden Geldhäuser abgeben musste, das Land praktisch zum Pleitekandidaten machte. Kurzum: Auch in Griechenland war die Bankenkrise letztendlich der Auslöser einer Staatsschuldenkrise. Griechenland musste mit Notkrediten in der astronomischen Höhe von 207 Milliarden Euro »gerettet« werden (Stand Juni 2013). Aber auch in diesem Fall war die »Rettung« Griechenlands vor allem eine Rettung von Vermögenden und Banken aus allen Ecken Europas.

Hinzu kommt noch: Der griechische Staat und die griechischen Bürger hatten ihr ökonomisches Verhalten ja nur an die neoliberale Wirtschaftsdoktrin angepasst. Man hatte ihnen in den vergangenen zwanzig Jahren gesagt, sie seien rückständig und müssten sich »modernisieren«, was nichts anderes hieß als: dem individuellen Genuss frönen und die eher familiären Wirtschaftsstrukturen hinter sich lassen, investieren, Kredite aufnehmen und große finanzielle Räder drehen. Man versuchte das »individuelle Verhalten« in Richtung »Casino-Kapitalismus und Modernisierung« zu verändern, wie das Costas Douzinas nennt.

Dieser Casino-Kapitalismus war getragen vom Glauben an risikolosen Kredit, Konsum, Spekulation und innovatives Unternehmertum. Das heißt: Die Griechen kamen in die Lage, in der sie jetzt sind, weil sie sich vom neoliberalen Zeitgeist anstecken ließen. Dass sie dafür jetzt von den Wirtschaftsliberalen als »verantwortungslos« hingestellt werden, ist nur eine absurde Pointe der Geschichte.

Aber zurück: Die Staatsschuldenkrise war auch in Griechenland Folge von Finanzmarktspekulation und Bankenkrise. Wieder war es die NGO Attac, die penibel nachgerechnet hat, wem das Geld eigentlich zugutekam – und zwar hauptsächlich Banken und Investoren in Griechenland und im Rest von Europa. 58,2 Milliarden flossen in die Rekapitalisierung griechischer Banken (also in die Rettung der griechischen Banken, die selbst völlig desolat waren, da sie beispielsweise auch sehr viele griechische Staatsanleihen in ihren Portfolios hatten). 101,3 Milliarden kamen Gläubigern des griechischen Staates zugute – also griechischen, italienischen, österreichischen, deutschen und französischen Banken und anderen Anleihehaltern.

Man muss das in all seiner Absurdität erst einmal verstehen, vor allem wenn man bedenkt, dass die sogenannten Rettungsgelder ja nicht unmittelbar von den Steuerzahlern kommen, sondern selbst am Kapitalmarkt von den noch kreditwürdigen Staaten geliehen werden.

Die Konstruktion des »Rettungsschirmes« (das European Stability Mechanism, ESM) ist ja der Konstruktion einer Bank sehr ähnlich: Die EU-Mitgliedstaaten stellen das Eigenkapital und Garantien. Mit diesem Kapitalsockel im Rücken leiht sich der ESM Geld auf den Kapitalmärkten – wofür er natürlich den Geldgebern auch Zinsen zu bezahlen hat. Dieses Geld wird an die Krisenstaaten überwiesen und fließt von diesen direkt zurück in die europäischen Großbanken, die Anleihen aus Spanien, Irland, Griechenland und anderswo halten.

Das heißt aber, die Banken, Fonds und Anleihehalter werden mit Hilfe der Steuerzahler gerettet, haben selbst kaum nennenswerte Opfer zu tragen, und sie erhalten für diese Hilfe auch noch garantierte Zinsgewinne! Anders gesagt: Sie erhalten 100 Prozent ihrer Anleihen plus die zugesagten Zinsen, und bezahlt wird das mit Geld, das sie den Staaten leihen, weshalb sie noch einmal, also doppelt Zinsen kassieren! Und das auch noch völlig risikolos, da es ja Garantien gibt. Etwas Absurderes kann man sich kaum ausdenken.

Und dennoch kommt es nicht selten vor, dass Banker, die von sich den Eindruck erwecken wollen, sie wären seriöse Geschäftsleute, recht blauäugig in Kameras gucken und etwa Folgendes sagen: *Ja, es gibt Leute in unserer Branche, die haarsträubend dumm gewirtschaftet haben. Und die müssen jetzt mit Staatsgeld gerettet werden. Aber wir, wir haben natürlich viel besser gewirtschaftet, und deshalb müssen wir nicht mit Staatsgeld gerettet werden.*

Selbst eine Zentralfigur im internationalen Zockerkarussell wie Josef Ackermann, der frühere Chef der Deutschen Bank, sagte auf dem Höhepunkt der Finanzkrise: »Ich würde mich schämen, wenn wir in der Krise Staatsgeld annehmen würden.« Aber das war nur eine besonders zynische Aussage. Denn natürlich sind zig Milliarden an Staatsgeld in die Geldspeicher der Deutschen Bank geflossen – nur eben nicht direkt.

Mit Staatsgeld wurden irische, spanische, griechische, österreichische, deutsche, französische, portugiesische Banken gerettet, mit Staatsgeld wurde der griechische Staat vor dem Bankrott gerettet – damit alle zusammen ihre Verbindlichkeiten bei der Deutschen Bank, bei der österreichischen Raiffeisen, bei der Ersten Bank, bei der deutschen Allianz und anderen Finanzinstitutionen begleichen können. Es gibt wohl keine Bank in Europa, die ohne dieses Staatsgeld hätte überleben können.

Verteidiger dieser Krisenstrategie wenden spätestens an diesem Punkt ein, dass das zwar alles stimme, es dazu aber eben keine Alternative gegeben hätte. Hätte man das europäische Finanzsystem zusammenbrechen lassen, wären alle Banken kollabiert – und die normalen Bürger hätten kein Geld mehr aus dem Bankautomaten bekommen, Unternehmen hätte keine Kredite mehr erhalten, Firmen hätten ihre Zulieferer nicht mehr bezahlen können – der gesamte Wirtschaftskreislauf wäre in einem gigantischen Kolbenreiber zum Stillstand gekommen. Die Auswirkungen wären so fatal gewesen, dass man das unmöglich hätte riskieren können. Und damit haben sie natürlich nicht völlig unrecht.

Das Problem ist nur, dass mit der Art, wie die Bankenrettung organisiert wurde, praktisch alle Vermögen der Reichen von den Steuerzahlern gerettet wurden – und nicht nur systemrelevante Banken oder rettungswürdige

Institutionen wie Versicherungsgesellschaften, die Renten- und Lebensversicherungen kleiner Leute verwalten. Und das zweite Problem ist, dass damit die wirklichen Profiteure verschleiert wurden. Es wird der Eindruck erweckt, einfache Steuerzahler in Österreich, Deutschland und anderswo würden Griechen, Spanier oder Iren retten, die schlecht gewirtschaftet haben. In Wirklichkeit werden aber einfach Banken gerettet, die schlecht gewirtschaftet haben – und aus den Rettungsgeldern zahlen sich die Banker bis heute Phantasieboni von vielen hunderten Millionen Euro aus.

Das spezifische Design der Bankenrettung hat also dazu beigetragen, Deutsche gegen Griechen, Österreicher gegen Spanier und andere aufzuhetzen. Diese Art der Bankenrettung hat einen Keil zwischen die Mitgliedsstaaten der Europäischen Union getrieben. Man hätte, sagen deshalb auch Investmentbanker wie der Wiener Geldjongleur Willy Hemetsberger, die Sache viel besser andersrum gemacht: Man hätte die Schulden streichen sollen. Hätte man beispielsweise Griechenlands Schulden einfach gestrichen, hätten die Investoren für ihre viel zu riskanten Investments auch das Risiko tragen müssen, dann hätte das natürlich riesige Löcher in die Bilanzen der Banken gerissen. Dann hätten die Staaten ihre überschuldeten Banken (zumindest die sogenannten »systemrelevanten«) wohl auch retten müssen.

Möglicherweise wäre die Sache nicht einmal sehr viel billiger gewesen. Aber es wäre nicht der falsche Eindruck entstanden, dass »die Österreicher« ihr Geld für »die Griechen« oder »die Iren« ausgeben, sondern es wäre für jeden offensichtlich gewesen, dass »die Österreicher« ihr Geld für die österreichischen Banken ausgeben, die haarsträubend schlechte Geschäfte gemacht haben. Aber es war wohl nicht zuletzt genau dieser Sachverhalt, den man verschleiern wollte.

Eine von den Grünen im Europäischen Parlament in Auftrag gegebene Studie hat alle verfügbaren Zahlen zusammengetragen, welche Hilfen europäische Banken allein in den Krisenjahren 2008 bis 2012 erhalten haben. Alle direkten Hilfen (also bei denen Steuerzahler-Cash direkt in die Taschen von Anleihehaltern geflossen ist oder Kapitalspritzen zur Rekapitalisierung von Banken) summieren sich auf die unvorstellbare Summe von 634,1 Milliarden Euro. Hinzu kommen staatliche Garantien in Höhe von 492,2 Milliarden Euro. Ergibt die stolze Summe von mehr als einer Billion Euro!

Aber das ist noch nicht einmal das Ende vom Lied. Neben direkten Hilfen profitieren Banken auch noch von der impliziten Hilfe durch die Steuerzahler. Und zwar aus folgendem Grund: Jeder Anleger weiß, wenn er einer großen Bank Geld leiht, dann kann ihm eigentlich nichts passieren. Geht es der Bank gut, erhält er sein Geld von der Bank zurück; geht es der Bank schlecht, dann erhält er sein Geld eben vom Steuerzahler. Das ist ein großer Unterschied zu jeder anderen Firma oder jedem anderen Wirtschaftssubjekt. Wenn Sie einem großen Bauunternehmen Geld leihen, wissen Sie, dass es gut möglich ist, dass dieses Unternehmen bankrottgeht und Ihr Geld nicht zurückzahlen kann. Wenn Sie einer großen Bank Geld leihen, wissen Sie, dass das eher unwahrscheinlich ist. Wenn die Deutsche Bank ihre Schulden nicht mehr bezahlen kann und der deutsche Staat nicht mehr in der Lage ist, die Bank zu retten, dann geht ohnehin die Welt unter. Bis dahin können Sie aber ziemlich sicher sein, Ihr Geld zurückzuerhalten.

Dieser beträchtliche Unterschied zwischen einem »normalen« Unternehmen und einer Bank mit impliziter Staatsgarantie schlägt sich daher in den unterschiedlichen Zinssätzen nieder. Anders gesagt: Die implizite Staatsgarantie drückt die Zinsen der Banken im Vergleich zu denen, die alle anderen Wirtschaftsakteure zu bezahlen haben, und das ist ebenfalls nichts anderes als eine implizite Hilfe des Steuerzahlers für die Banken. Verschiedene Studienautoren haben nun versucht, diese »implizite Staatshilfe« zu messen, und die Untersuchung der Euro-Grünen hat versucht, die verschiedenen Schätzungen in eine einigermaßen realistische Zahl zu transformieren. Das Ergebnis: Der Nutzen, den die Banken aus expliziten Garantien und diesen »impliziten Hilfen« hatten, beläuft sich in den Jahren 2008 bis 2012 auf 1,3 Billionen Euro.

Rechnet man die direkten Cash-Hilfen hinzu (und zieht man ab, was die Banken den Staaten an Haftungsprämie für explizite Garantien, das sogenannte »Garantieentgelt«, zurückzahlen), dann ergibt das eine Summe von 1,8 Billionen Euro. Das entspricht 14,2 Prozent der gesamten Wirtschaftsleistung der Eurozone. Man muss sich das auf der Zunge zergehen lassen: In den vergangenen Jahren wurden von allen anderen Wirtschaftssektoren via Steuerzahler 14,2 Prozent der gesamten Wirtschaftsleistung in die Taschen der Banken transformiert. Das ist ein gigantischer Anteil, der nicht nur unter Fairnessgesichtspunkten fragwürdig ist, sondern auch noch problematische Folgen hat: Denn es ist dieser »Wettbewerbsvorteil« der Banken, der dazu beiträgt, dass sich die Finanzbranche auf Kosten aller anderen Branchen ungesund aufbläht.

Beinahe überall auf der Welt wurde mehr oder weniger nach diesem Muster verfahren: Die Banken und damit auch alle Investoren wurden von den Staaten gerettet, indem die Schulden der Banken übernommen wurden. Die Schulden der Staaten haben sich auf diese Weise überall empfindlich erhöht. Dabei waren die Kosten für die Bankenrettung noch nicht einmal der dickste Brocken. Unmittelbar nach der Finanzkrise brach auch in allen Ländern die Wirtschaftsleistung ein, und zwar weil beispielsweise wankende Banken ihre Kreditvergabe an Unternehmen, die investieren wollten, einschränkten, aber auch weil viele private Haushalte plötzlich in einer ökonomisch angespannteren Situation waren (etwa amerikanische Hausbesitzer, die nicht einmal mehr die Raten für ihre Hypotheken bezahlen konnten, oder europäische Sparer, die schwere Verluste machten und sich plötzlich nicht mehr »reich« fühlten, weshalb sie ihren Konsum einschränkten und mehr sparten).

Die schwere Delle in der Wachstumsentwicklung hatte nun zwei Auswirkungen: Einerseits nahmen die Finanzämter empfindlich weniger an Steuern ein, da die Einnahmen von Unternehmen und normalen Bürgern sanken, und andererseits reagierten in dieser Phase praktisch alle Länder mit Konjunkturpaketen, um die Wirtschaft entsprechend der keynesianischen Rezepturen anzukurbeln. In dieser Phase waren ja die Staaten nicht so sehr als unsolide Verschwender angesehen, sondern als Retter in der Not.

Der signifikante Wandel dieser Sichtweise begann damit, als etwa Griechenland plötzlich Schwierigkeiten bekam, sich am Kapitalmarkt Geld zu leihen, und dann auch Spanien, Irland oder auch Portugal in ähnliche Kalamitäten kamen. Dazu muss man wissen: Staaten zahlen ihre Schulden in aller Regel nicht zurück, sondern nehmen einfach neue auf, um die alten zu bezahlen. Bestenfalls bauen sie sehr langsam ab. Um das so anschaulich wie möglich zu machen: Staat X leiht sich auf den Kapitalmärkten Geld, indem er Schuldscheine ausgibt, auf denen beispielsweise steht: Staat X zahlt dem Halter dieses Schuldscheines (»Staatsanleihen« genannt) in drei Jahren eine Million Euro zurück und bezahlt ihm bis dahin drei Prozent Zinsen jährlich – oder in drei Monaten oder in zehn Jahren (weshalb man kurzfristige und langfristige Staatsanleihen unterscheidet). Wenn in drei Jahren diese Anleihen fällig werden, zahlt der Staat X das Geld aber natürlich nicht aus seinen laufenden Steuereinnahmen zurück, sondern nimmt einen neuen Kredit auf, mit dem er die Schulden zurückzahlt (oder er nimmt einen Teil des Geldes aus Steuereinnahmen und einen anderen Teil als Kredit auf, dann werden in diesem Fall die Schulden langsam abgebaut).

Dieses Spiel kann ein Staat – im Unterschied zu privaten Kreditnehmern – ewig spielen, da Staaten ja verglichen mit Menschen einen Vorteil haben: Sie sterben nicht. Ein Problem bekommen sie erst, wenn ihnen in dem Augenblick, in dem die alten Kredite fällig werden, niemand mehr Geld leihen will – oder nur zu horrenden Zinsen. Das ist dann der Moment, in dem man landläufig sagt, ein Staat sei bankrott.

In genau dieser Lage waren Griechenland, Irland, Spanien und die anderen Krisenländer im Jahr 2010. Aber zu dieser Geschichte muss man ein kleines Detail hinzufügen: Es sind vor allem Länder, die sich nicht in ihrer eigenen Währung verschulden können, die für solche Vertrauensverluste der Finanzmärkte anfällig sind. Ein Land wie die USA, Großbritannien oder auch Japan kommen in eine solche Lage praktisch nie, da sie im Notfall das Geld via Zentralbank einfach »drucken« können oder besser: durch eine simple Computeroperation erschaffen können. Ein Land wie Argentinien, wenn es sich beispielsweise in Dollar verschuldet, kann das nicht. Die Länder der Eurozone dagegen sind eine Art Zwitterwesen, die Charaktereigenschaften der USA und Argentiniens gewissermaßen kombinieren.

Einerseits verschulden sie sich natürlich in eigener Währung, nämlich dem Euro. Andererseits ist für die Versorgung ihrer Wirtschaft mit Geld die Europäische Zentralbank verantwortlich, auf die sie keinen Einfluss haben und deren Regeln verbieten, die Mitgliedsstaaten im Krisenfall rauszupauken. Als die Anleger auf den Finanzmärkten verstanden, dass sie es hier mit Staaten zu tun haben, die tatsächlich einfach pleitegehen können wie ein Dritte-Welt-Land, trocknete der Kreditzufluss umgehend aus. All das hat viel mit der institutionellen Fehlkonstruktion der Eurozone zu tun, damit, dass sich souveräne Nationalstaaten mit großen ökonomischen Unterschieden eine gemeinsame Währung gaben, ohne funktionstüchtige zentrale Institutionen wie eine echte »EU-Regierung« entwickelt zu haben.

Im politischen und wirtschaftspolitischen Diskurs hat man auf diese feinen, aber entscheidenden Detailunterschiede viel zu lange nicht geachtet. Das Bild setzte sich durch: Wenn die Staatsschulden nicht sinken, dann droht jedem Land das Schicksal Griechenlands.

So wurden beispielsweise auch die Briten nervös, als sie zu Beginn des Jahres 2010 die Zahlen ihres Budgetdefizits vorliegen hatten: Das Defizit betrug famose 12 Prozent und war damit sogar größer als das von Griechenland oder Irland. Auch in den USA begannen die rechten Republikaner weitere Konjunkturmaßnahmen durch die Regierung zu bekämpfen. Dabei gab es natürlich niemals Anzeichen, dass Länder wie Großbritannien, die USA oder Japan auf ähnliche Weise von den Kapitalmärkten abgeschnitten werden wie Griechenland oder Irland. So beträgt der Schuldenstand der USA im Augenblick etwas mehr als 105 Prozent der Wirtschaftsleistung, der von Japan gar 243 Prozent des BIP, dennoch müssen die USA kaum mehr als ein Prozent Zinsen auf langfristige Kredite zahlen, Japan gar nur ein halbes Prozent. Trotz hoher Schulden wird ihnen das Geld von den Anlegern also praktisch nachgeworfen.

Wieso die Neoliberalen die Demokratie verachten

Dennoch begann sich nicht nur die Auffassung durchzusetzen, dass jedem Land der Bankrott droht, wenn es nicht sofort scharf in Richtung Sparpolitik einlenkt, dieses »Argument« wurde noch durch zwei weitere »Argumente« ergänzt. *Erstens*: Ab einem gewissen Schuldenstand würde das Wachstum eines Landes deutlich sinken, selbst dann, wenn es keine Schwierigkeiten hätte, seine Schulden zu refinanzieren. Dieses »Argument« wurde von den Wirtschaftswissenschaftlern Kenneth Rogoff und Carmen Reinhart unter die Leute gebracht, die eine lange Reihe historischer Datensätze von vielen Staaten in eine Excel-Datei geschrieben hatten und dann behaupteten, herausgefunden zu haben, dass sich das Wirtschaftswachstum ab einem Schuldenstand von neunzig Prozent des BIP signifikant verringere. Später stellte sich allerdings heraus, dass sie sich nicht nur verrechnet, sondern sogar ihre Datensätze vorsätzlich gefälscht hatten – Daten, die nicht ins Bild passten, hatten sie einfach weggelassen.

Das *zweite* Argument stützte sich auf Untersuchungen des Wirtschaftswissenschaftlers Alberto Alesina, der selbst in der Ökonomenzunft als exzentrischer rechter Außenseiter gilt und den unter seinen Fachkollegen eigentlich nur weltfremde Sektierer ernst nehmen, der aber von Politikern hofiert wird, die aus politischen Gründen eine Zerschlagung von Sozialstaaten und Budgetkürzungen um jeden Preis favorisieren. Alesina hat eine Reihe von Aufsätzen verfasst, in denen er nachzuweisen versucht, dass eine staatliche Sparpolitik nicht zu einer Schrumpfung der Wirtschaft führt, sondern sogar zu Prosperität. Das ist an sich eine haarsträubend unlogische These, da ja die Ausgaben des Staates wiederum die Einnahmen anderer Leute sind – etwa der Baufirmen, die der Staat mit Aufträgen versorgt, und ihrer Beschäftigten oder der Arbeitslosen, die staatliche Unterstützung beziehen –, Einnahmen also, die sie in aller Regel wieder zum Konsum nutzen, was wiederum die allgemeinen ökonomischen Aktivitäten stimuliert.

Es ist schon reichlich unlogisch, warum dann die allgemeine Kürzung solcher Einnahmen die ökonomischen

Aktivitäten stimulieren sollte. Aber Alesinas Argument geht so: Ja, Unternehmen und Privatpersonen hätten niedrigere Einkommen, aber Investoren vertrauten einfach darauf, dass ein Staat, der spart, ein gesünderer Staat ist, weshalb sie dann viel mehr investieren würden – so würden sie dann etwa viel lieber den Unternehmen in diesem Staat Geld leihen, sodass diese Unternehmen viele tolle neue Fabriken bauen würden etc. Auch die Bürger dieses Staates würden dann Vertrauen fassen, und zwar weil sie annehmen, dass ein Staat, der wenig ausgibt, künftig auch weniger Steuern kassieren wird, sie also bald mehr Netto vom Brutto auf dem Konto haben werden, sodass sie angesichts dieser vagen Aussicht *schon heute* viel mehr konsumieren würden. Sie sehen also schon: Alesinas Story ist reichlich fiktiv. Wirtschaftsnobelpreisträger Paul Krugman nennt sie sarkastisch das »Vertrauens-Märchen«. Übrigens ist Alesina nicht nur ein Anhänger rabiater Sparpolitiken, sondern auch ein Verächter der Demokratie. So hat er ein Papier mit dem scheinbar unverfänglichen Titel »Die Defizitneigung von Demokratien« geschrieben, dessen Gedankengang in etwa so geht: In Demokratien sitzen in den Parlamenten Politiker, die wiedergewählt werden wollen. Sie werden deshalb versucht sein, den Bürgern Geldgeschenke zu machen, auch wenn das die Staatsschulden erhöht. Denn wiedergewählt wollen sie heute werden, während für die Schulden künftige Generationen bezahlen müssen. Deshalb sind Demokratien eigentlich nicht so gut für eine gesunde ökonomische Entwicklung.

Gewählte Politiker in Demokratien werden in dieser Art ökonomischer Fachliteratur grundsätzlich als verantwortungslose Betrüger karikiert, während implizit unterstellt wird, Unternehmer in der freien Marktwirtschaft würden immer besonnen und verantwortlich mit der Ressource Zukunft umgehen. Zyniker könnten sagen: Schade, dass die Banker davon nicht rechtzeitig gehört haben, sodass sie sich nicht an die schöne Theorie halten konnten.

Trotz all ihrer Absurdität zog Alesias Theorie von der »expansionary austerity« oder, wie sie auch genannt wurde, »expansionary contraction« (ein sinnfreies Wortungetüm, das so viel heißt wie »expansive Schrumpfung« oder »wachstumsorientierte Kürzung«) sofort weite Kreise. Die Zeitung »Business Week« sprach von »Alesinas Stunde«, der damalige Chef der Europäischen Zentralbank, Jean-Claude Trichet, verkündete glücklich, »die Idee, dass Sparmaßnahmen eine Stagnation auslösen können, ist inkorrekt«, im Schlusskommuniqué des ECOFIN, also des Rats der Europäischen Finanzminister, wurden Alesinas krude Thesen im April 2010 wohlwollend zitiert, also just in jenem Moment, in dem die EU-Politik den Schalter in Richtung Austeritätspolitik umlegte. Und Deutschlands Finanzminister Wolfgang Schäuble, der Hohepriester der Sparpolitik, schrieb in der »Financial Times« einen Gastkommentar, in dem er die neue Linie verkündete:

»Das Rezept ist so einfach, wie es schwierig in die Praxis umzusetzen ist: die westlichen Demokratien und andere Länder mit hohen Schuldenniveaus und Defiziten müssen ihre Ausgaben kürzen, ihre Einnahmen erhöhen und die strukturellen Probleme ihrer Ökonomien in den Griff bekommen, wie schmerzhaft das politisch auch sein mag. Es gibt die Sorge, dass fiskalische Konsolidierung, ein kleinerer öffentlicher Sektor und flexiblere Arbeitsmärkte die Nachfrage in diesen Ländern in kurzer Frist unterminieren würden. Ich bin nicht überzeugt davon, dass dies wirklich der Fall sein würde, aber sogar wenn es der Fall wäre, müsste man eine Abwägung treffen zwischen dem kurzfristigen Schmerz und dem langfristigen Nutzen. (Dieser) wird den kurzfristigen Einbruch der Nachfrage aufwiegen.«

Ein verräterischer Text, da Schäuble an keiner Stelle begründet, warum aus dem Schmerz ein Nutzen folgen würde. Die »Argumentation« ist keine Argumentation, sondern ein Glaubensbekenntnis. Schmerz bringt Wachstum, daran glaubt Herr Schäuble, so wie der fundamentalistische Christ daran glaubt, dass Kasteiung im Diesseits die Belohnung im Jenseits nach sich ziehen wird. Wie der Frömmler braucht auch Herr Schäuble dafür keine Logik. Argumente braucht der Gläubige nicht.

Andere fühlen sich bei der Schäuble'schen Rhetorik weniger an Evangelisten als an Bolschewisten erinnert, so etwa Martin Wolf, der Kolumnist der »Financial Times« und wohl berühmteste Wirtschaftsjournalist Europas: »Zu oft klingen konservative Fiskalpolitiker wie Revolutionäre, die bereit sind, gegenwärtige Generationen für irgendwelche eingebildeten künftigen Vorteile zu opfern.«

Sehr oft sind solche untergründigen Glaubensinhalte am Werk, wenn es um eine eigentlich so praktische Sache wie die Wirtschaft geht. »Ihr habt gesündigt, ihr habt eure Leiden verdient«, diese Haltung spielte eine nicht geringe Rolle im Verhältnis etwa der Nordeuropäer zu den Griechen.

Aber es kam natürlich, wie es kommen musste: Die globale Wirtschaft, vor allem aber die europäische Wirtschaft, schmierte weiter ab. Keynesianisch orientierte Wirtschaftsnobelpreisträger wie Paul Krugman hatten es vorausgesagt: »Austerität funktioniert nicht.« Verallgemeinerte Sparpolitik schlägt sich gewissermaßen selbst, sie scheitert an dem, was sie sich zum Ziel gesetzt hat, und produziert auf dem Weg zu dem Ziel, das ohnehin verfehlt wird, nichts als Schaden. Die logischen Zusammenhänge sind leicht zu durchschauen: Eine Austeritätspolitik, die nicht nur die Staatsausgaben reduziert, sondern womöglich auch noch, im Glauben, das würde künftiges Wachstum generieren, die Arbeitsmärkte dereguliert und die Löhne senkt, hat zur Folge, dass alle Wirtschaftssubjekte einer Volkswirtschaft zusammen weniger Einkommen haben; das wiederum führt dazu, dass die Unternehmen wissen, dass sie in der nächsten Periode wohl weniger von ihren Gütern verkaufen werden als in der gegenwärtigen, sie also jedenfalls überhaupt keinen Grund haben zu investieren, indem sie etwa ihren Maschinenpark ausbauen oder modernisieren. Das führt wiederum in einer zweiten Rückkopplungsschleife zu noch geringeren Einnahmen (nämlich der Unternehmen, die diese Maschinen herstellen, sowie ihrer Mitarbeiter) und zu einer sich kumulierenden Reduktion der Wirtschaftsleistung. In diesem Fall sinkt das BIP, zumindest steigt es nicht mehr an.

Um das mit einem eingängigen Modellbeispiel zu illustrieren: Einmal fiktiv angenommen, ein Staat reduziert seine Schulden auf diese Weise um fünf Prozent, aber auch seine Wirtschaftsleistung um zehn Prozent – sind dann seine Schulden wirklich gesunken? Nein, sie sind in Wirklichkeit natürlich gestiegen, zwar nicht nominal (also in absoluten Zahlen), aber sie sind viel drückender geworden, als sie vorher waren. Das ist ja auch der Grund, warum man die Schuldenstände in Statistiken in aller Regel in Prozent der Wirtschaftsleistung angegeben findet und nicht in absoluten Zahlen. Die absoluten Zahlen sagen nämlich rein gar nichts aus, wie ja auch jeder einfache Häuslebauer weiß: Sie können eine Million Euro Schulden haben, aber das muss nicht sonderlich schlimm sein, wenn Sie ein Einkommen von 400 000 Euro haben und zudem Vermögen im Wert von drei Millionen Euro. Wenn Sie aber nur ein jährliches Einkommen von 10 000 Euro haben, ist schon ein Schuldenstand von 70 000 Euro erdrückend. Es kommt also immer auf die Relation zwischen Einkommen und Verschuldung an.

Austeritätspolitik führt dazu, dass alle zusammen ärmer als zuvor, die Schulden drückender geworden sind und kein einziges Problem gelöst wurde. Diese Politik hat global das Wachstum gehemmt, aber vor allem in Europa verheerende Auswirkungen gehabt. War es nach dem tiefen Absturz der Wirtschaftsleistung unmittelbar nach dem Finanzmarktkollaps 2008 bald für eine kurze Zeit wieder bergauf gegangen, stürzte die Eurozone ab 2010 in eine tiefe Rezession, die 18 Monate dauerte. Soll heißen: Von Quartal zu Quartal verringerte sich die Wirtschaftsleistung aller Eurostaaten. Seit 2012/2013 geht es wieder ein ganz klein wenig nach oben, de facto aber ist das Wachstum mehr oder weniger gleich Null – das heißt, auf die lange Rezession folgte eine Stagnation, die noch immer nicht zu Ende ist. Bis heute ist das BIP der Eurozone unter dem Wert von 2007.

»Während früher die Europäische Union mit Prosperität assoziiert wurde, verbindet man sie nun mit Austerität und Rezession«, urteilt Philippe Legrain, der als oberster Wirtschaftsberater des früheren EU-Kommissionspräsidenten José Manuel Barroso amtierte, bis er frustriert diesen Job hinwarf, weil die europäischen Strippenzieher für vernünftige Argumente völlig unempfänglich waren. »In Spanien, wo jeder vierte Bürger arbeitslos ist, ist Selbstmord nun schon die häufigste nicht-natürliche Todesart (...) Kann es denn jemanden überraschen, dass junge Europäer weniger Babys haben als vor der Krise und dass alle vier Minuten jemand aus Portugal auswandert?«

Sogar der Internationale Währungsfonds hat eingeräumt, dass Austeritätspolitik nicht funktioniert und er sich mit seinen bisherigen Annahmen auf recht groteske Weise verrechnet habe. Ein Geständnis, das 2013 in der ökonomischen Debatte einschlug wie eine Bombe, dabei klang die Formulierung, die der Chefökonom Olivier Blanchard in einem »technical paper« versteckte, wie Geheimwissenschaft: Der »Fiskalmultiplikator«, den der IWF seit fünfzig Jahren seinen Prognosen und Politikempfehlungen zugrunde lege, betrage nicht 0,5, wurde mitgeteilt. Tatsächlich, so Blanchard in verstörender Offenheit, lasse sich in den Archiven nicht einmal mehr eruieren, wie man seinerzeit auf diese Zahl gekommen sei. Angesichts neuerer Erfahrungen und Berechnungen müsse aber davon ausgegangen werden, dass der Multiplikator bis zu 1,5 betragen kann.

Was heißt das? Nun, die Sache ist eigentlich ganz einfach: Bisher ging man in den Berechnungen davon aus, dass für jeden Euro, den ein Staat spart, die Wirtschaftsleistung nur um einen halben Euro sinkt (Multiplikator 1 x 0,5), da den Einsparungen positive ökonomische Effekte gegenüberstünden. Wäre das der Fall, könnte Austerität tatsächlich funktionieren. Dann kann ein Staat sein Budget um zehn Prozent reduzieren, hätte aber nicht mit einer ebenso hohen Reduktion der Wirtschaftsleistung zu rechnen, die wiederum einen erheblichen Steuerausfall und damit neue Budgetlöcher zur Folge hätte.

Simpel gesagt: Wenn man die öffentlichen Ausgaben um zehn Prozent reduziert, verringert sich das Steueraufkommen um fünf Prozent, somit bleibt ein effektiver Konsolidierungsbetrag in Höhe von fünf Prozent. Beträgt der Multiplikator allerdings den Wert 1 oder 1,5, dann sieht die Sache erheblich anders aus. Dann führt eine Reduktion der Staatsausgaben um zehn Prozent sogar zu einem Wirtschaftseinbruch von 15 Prozent, daher auch zu entsprechenden Steuerausfällen. Die Haushalte ließen sich so nicht konsolidieren, der einzige Effekt wäre, dass das entsprechende Land seinen Wohlstand um 15 Prozent reduziert hätte. Ein ziemlich schlechter Deal.

Die Voodo-Ökonomie der Austeritätsfreaks

Wenn man die Sache weniger technisch, sondern logisch betrachtet, wird natürlich schnell klar, warum dieser Multiplikator einmal höher, dann wieder niedriger ist – je nach den Umständen. Stellen wir uns ein kleines Land wie Österreich vor, das seinen Staatshaushalt kürzt, während alle anderen Länder einen Boom erleben und keinen Austeritätskurs fahren. Dann wird zwar Österreich seine Binnennachfrage etwas einschränken, aber dieser Verlust wird wahrscheinlich durch höhere Exporterlöse teilweise oder sogar ganz aufgewogen. Das heißt: Kleine exportorientierte Ökonomien können durch Sparpolitik ihre Haushalte reduzieren, ohne dass das größere Auswirkungen auf ihre Wirtschaftsleistung hat, wenn alle anderen Volkswirtschaften, mit denen sie durch Handel verbunden sind, prosperieren.

Große Ökonomien haben hier schon größere Schwierigkeiten, vor allem würden sie, wenn sie chronisch mehr exportieren als importieren, relativ schnell auch ihre Handelspartner in Probleme bringen. Vor allem aber ist es unmöglich, dass viele Staaten gleichzeitig auf diese Weise irgendwelche ökonomischen Vorteile erzielen oder gar »der Weltkapitalismus« als Ganzes. Wenn alle gleichzeitig sparen, fährt der ökonomische Fahrstuhl in den Keller. Oder technisch ausgedrückt: dann ist der Multiplikator höher als 1.

Übrigens wirkt der berühmte Fiskalmultiplikator auch in die andere Richtung, also bei einer Steigerung der Staatsausgaben. Soll heißen: Wenn ein Staat seine Staatsausgaben und damit sein Defizit um einen Euro erhöht, dann wird in aller Regel die Wirtschaftsleistung nicht nur um einen Euro steigen, sondern um 1,20 Euro oder um 1,50 oder um 1,70 Euro. Und zwar aus folgenden Gründen: Dieser eine Euro, den der Staat ausgibt, wird zur Einnahme eines anderen – beispielsweise eines Arbeiters im Straßenbau. Der trägt den Euro dann vielleicht zum Bäcker und kauft sich damit ein Brötchen. Der Bäcker wiederum gibt den zusätzlichen Euro beim Wirt ums Eck aus. Schwupp, schon ist die Wirtschaftsleistung nicht um einen Euro, sondern um drei Euro gestiegen.

Das ist natürlich jetzt etwas sehr schematisch und simpel beschrieben, denn von dem Euro kassiert der Staat, der ihn, wohlgemerkt, ja zunächst als Budgetdefizit in Umlauf gebracht hat, bei jeder dieser Stationen Steuern, zudem wird vielleicht sowohl der Bauarbeiter als auch der Bäcker und auch der Wirt einen Teil des zusätzlich eingenommenen Euros sparen, sodass die realistischere Rechung vielleicht so aussieht: Der Staat hat seine Staatsausgaben um 1 Euro erhöht, die Wirtschaftsleistung ist um 1,60 Euro gestiegen, die Steuereinnahmen sind um 60 Cent angewachsen, sodass sich das Budgetdefizit nur um 40 Cent erhöht hat. Zudem haben Operationen wie diese noch eine ganze Reihe von Nebeneffekten, die man grob, aber nicht genau prognostizieren kann: Beispielsweise haben die Banken mehr Spareinlagen, sie vergeben dann mehr Kredite, der Bäcker, der möglicherweise schon ans Aufhören gedacht hat, sieht die wirtschaftlichen Aussichten seines Gewerbes wieder in rosigeren Farben und nimmt einen Kredit auf, um sich eine neue Maschine zu kaufen, und so weiter. Es sind Effekte wie diese, die die Keynesianer zu der saloppen Formel brachten, dass sich eine Volkswirtschaft niemals reichsparen, sondern stets nur reichinvestieren kann.

Aber die Austeritätsapologeten haben sich eben ein paar Schlüsselvokabeln ausgedacht, die ihren Propagandazwecken bestens dienen – ja, wohl sogar so gut, dass sie nach Jahren der gebetsmühlenhaften Wiederholung selbst schon daran glauben. Etwa daran, dass »solides Wirtschaften« sich in der Reduktion von Staatsausgaben und in der Zerschlagung des Sozialstaates erweist. Ein anderer Begriff aus dem Wörterbuch der Austeritätsfürsprecher ist der scheinbar sachliche Begriff der »Wettbewerbsfähigkeit«.

Als ich vor einigen Monaten in Berlin an einer Konferenz eines SPD-nahen Thinktanks teilnahm, traute ich während der ökonomischen Debatten meinen Ohren nicht: Man fühlte sich in eine Versammlung von CDU-nahen Ökonomen versetzt: Alle sprachen nur von »Wettbewerbsfähigkeit« und »Strukturreformen«, und Begriffe, wie man sie eigentlich bei sozialdemokratischen Tagungen erwarten sollte, wie »Kaufkraft«, »Nachfrage« oder »Löhne«, kamen überhaupt nicht vor. Dabei sind eben Wettbewerbsfähigkeit und Strukturreformen längst zu politischen Kampfvokabeln der Rechten geworden. Aber die Sozialdemokraten hatten das entweder nicht begriffen, oder sie hatten vollkommen kapituliert.

Wettbewerb, Wettbewerb über alles

Es ist kein Wunder, dass Angela Merkel der Europäischen Union nach all den anderen Pakten (»Fiskalpakt«, »Schuldenbremse« etc.) nun auch einen »Konvergenz- und Wettbewerbspakt« oktroyieren will. Dessen Geist soll vom Mantra der »Wettbewerbsfähigkeit« geprägt sein. Worum geht es? Wenn heute ein Land wie Griechenland oder Zypern in Refinanzierungsprobleme gerät, schlüpft es unter den EU-Rettungsschirm, und im Austausch dafür reitet die Troika ein (aus Vertretern von EU-Kommission, Europäischer

Zentralbank und Weltwährungsfonds) und erzwingt neoliberale »Reformen«, und zwar nicht nur Sparmaßnahmen, die direkt auf die Reduktion der Staatsdefizite abzielen, sondern auch »Reformen«, die damit nichts zu tun haben: Arbeitsmarktderegulierungen, Lohnkürzungen, Arbeitszeitverlängerungen zur Stärkung der »Wettbewerbsfähigkeit« der betroffenen Länder.

Das Traurige aus Sicht der neoliberalen und konservativen Scharfmacher: Das können sie bisher eben nur mit Ländern machen, die Hilfskredite aus den Rettungsschirmen in Anspruch nehmen. Allen anderen kann man leider nichts befehlen.

Das soll sich mit dem »Konvergenz- und Wettbewerbspakt« ändern. Der Pakt wird, wenn er denn tatsächlich durchgesetzt werden kann, eine ziemlich simple Folge haben: Troika für alle. »Destroika« für alle.

Ein Pakt für »Konvergenz- und Wettbewerbsfähigkeit«, der die Handschrift der deutschen Merkel-Schäuble-Regierung trägt, wird von einem sozial-ökonomischen Zerrbild ausgehen: Dass wir in Europa alle miteinander konkurrieren und stabiles Wachstum in Europa nur erreicht werden kann, wenn alle immer wettbewerbsfähiger werden. Wie absurd das ist, sieht man im Grunde auf den ersten Blick: Deutschland wurde »wettbewerbsfähiger«, weil es die Lohnkosten in den vergangenen Jahren gedrückt hat (das heißt: über fast zehn Jahre Niedriglohnsektoren eingeführt, nur sehr geringe Lohnerhöhungen für Normalverdiener realisiert, den Arbeitsmarkt dereguliert und erst zuletzt halbherzig mit Mindestlöhnen gegengesteuert hat etc.), was die relative Wettbewerbsposition der anderen verschlechtert hat.

Wenn die nun versuchen, ähnlich »wettbewerbsfähig« wie die Deutschen zu werden oder sogar noch »wettbewerbsfähiger«, dann müssen die Deutschen wieder reagieren – man kann dieses Spiel ewig weiterspielen. Am Ende würden wir alle in Niedriglohnsektoren arbeiten, dafür aber wunderbar wettbewerbsfähig sein mit dem unbequemen Nachteil, dass es in Europa niemanden mehr gibt, der unsere schöne Güter noch kaufen kann. Und das, obwohl für alle europäischen Volkswirtschaften zusammen der europäische Markt einen gemeinsamen Absatzmarkt darstellt, es also überhaupt keinen Grund gibt, sich gegenseitig in Grund und Boden zu konkurrieren.

Griechenland in einen Wettbewerb mit Deutschland zu hetzen ist in etwa genauso intelligent, wie Neukölln in einen Kostenreduktions-Wettbewerb mit dem Wedding zu hetzen. Würde man in Europa Wirtschafts- und Produktivitätswachstum und Lohnzuwächse gemeinsam festlegen, sodass eben alle drei Faktoren wachsen, wäre das für eine gesunde ökonomische Entwicklung viel sinnvoller.

Es ist aber eine unbegründete Hoffnung, dass entsprechende vernünftige Elemente in dem »Konvergenz- und Wettbewerbsfähigkeitspakt« überwiegen werden. Dafür werden Angela Merkel und ihre Verbündeten schon sorgen. Merkel hat das beim Weltwirtschaftsforum in Davos bereits im Jahr 2013 in unverfrorener Offenheit angekündigt:

»Wir wollen in Europa – und darüber sind wir uns in der Europäischen Union auch einig – die Wirtschafts- und Währungsunion zu einer Stabilitätsunion fortentwickeln. Das ist das Gegenteil von einer kurzfristigen Notoperation. Es ist vielmehr ein dauerhaft angelegter

Weg – ein Weg, dessen Leitplanken Strukturreformen für mehr Wettbewerbsfähigkeit auf der einen Seite und Konsolidierung der Staatsfinanzen auf der anderen Seite sind. Ich will hier noch einmal betonen, dass für mich beides sehr eng zusammenhängt. Konsolidierung und Wachstum sind im Grunde zwei Seiten ein und derselben Medaille, wenn es darum geht, Vertrauen zurückzugewinnen.«

Wettbewerbsfähigkeit kann natürlich alles Mögliche heißen: Natürlich ist es sinnvoll, neue, bessere Produkte auf immer effizientere Weise zu produzieren. Es ist aber schon weniger sinnvoll, beim panischen Wettlauf um Wettbewerbsfähigkeit nur auf Kostensenkung zu setzen, wenn das im Wesentlichen auf Senkung der Löhne hinausläuft, wie das Deutschland getan hat. Der Anteil der Löhne am deutschen Volkseinkommen ist ja von 66,8 Prozent im Jahr 2000 auf ein historisches Tief von 61,2 Prozent im Jahr 2007 gefallen, das heißt, die normalen Beschäftigten haben verloren, während Unternehmensgewinne und Kapitaleinkommen explodiert sind.

»Es ist weder erstrebenswert noch vernünftig, dass der Rest von Europa Deutschland nachahmt«, schreibt Philippe Legrain. »Denn statt die alten Dinge mit niedrigeren Löhnen zu produzieren, sollten Volkswirtschaften eher versuchen, besser zu werden, dass heißt neue und bessere Dinge zu produzieren.«

Der Wettlauf um Wettbewerbsfähigkeit ist in dieser Hinsicht aber sogar ein Schuss ins Knie. Wenn man, wie das Deutschland tat, die Binnennachfrage abwürgt, dann haben potenziell neue, innovative Firmen eine viel geringere Chance, die schwierigen ersten Startjahre zu überstehen als in einer boomenden Ökonomie. Und für die Krisenstaaten ist dieses Problem natürlich noch viel dramatischer: Wenn man die Ökonomie abwürgt, dann haben natürlich auch die meisten innovativen Ideen keine Chance. Oder anders gesagt: Auch verknöcherte Strukturen modernisiert man besser während eines Booms als in der Depression.

Darüber hinaus ist das Konzept der Wettbewerbsfähigkeit aber auch im engsten ökonomischen Sinn fragwürdig. Ist es denn wirklich so, dass die Wettbewerbslogik die einzige und realistische Chance für eine Volkswirtschaft ist? Nehmen wir eben nur ein Land wie Griechenland: Es wird sicher nie so wettbewerbsfähig Autos bauen wie Mercedes in Stuttgart und auch nicht so billig T-Shirts schneidern wie Sweatshops in Bangladesh. Aber folgt daraus wirklich, dass das Land keine dritte Alternative hat, als entweder dem unrealistischen Stuttgarter oder dem ebenso unrealistischen Bangladesher Pfad zu folgen? Natürlich nicht. Wir alle wissen, dass Kosten – also der Preis eines Produktes – unsere Kaufentscheidungen beeinflussen, aber nicht völlig determinieren. Auch der Winzer, der einen hervorragenden Wein macht, der aber nicht spottbillig ist, ist in einem bestimmten »Konsumentenmilieu« wettbewerbsfähig, ebenso die Firma, die qualitätsvolle Möbel und nachhaltig produzierte Bettwäsche herstellt. Auch Apple-Rechner sind »konkurrenzfähig«, obwohl sie rund ein Drittel teurer sind als vergleichbare Laptops der Konkurrenz. Diese Liste ließe sich endlos fortsetzen. Wir sind bereit, für bestimmte Eigenarten eines Produktes mehr zu bezahlen, wenn das Gesamtpaket stimmt. Zu dem gehört: Qualität, Image, Design und einiges mehr.

Das heißt, die Postulate, die die Wettbewerbsfähigkeitsideologie implizit voraussetzt, sind nicht nur auf der makroökonomischen Ebene falsch, sie sind sogar auf der betriebswirtschaftlichen Mikroebene fragwürdig.

Man kann das leicht an den Zahlen ablesen: Die wirtschaftsliberalen Ideologen wiederholen stets, Länder wie Griechenland und Spanien seien in die Krise geraten, weil sie ihre »Wettbewerbsfähigkeit« verspielt hätten. Komischerweise haben aber Länder wie Griechenland und Spanien gerade in den Boomjahren zwischen 1998 und 2007 ihren Anteil am Welthandel gehalten oder sogar ausgebaut – und das, obwohl der westliche »Anteil« des Kuchens wegen des Aufstiegs von Ländern wie China, Brasilien und anderen geschrumpft ist. So ist Spaniens Anteil am Welthandel kurz von 2,35 Prozent auf 2,13 gefallen, um dann wieder auf 2,26 Prozent zu steigen. Griechenland hat seinen Anteil von 0,26 Prozent auf 0,36 Prozent sogar um die Hälfte gesteigert.

Wie aber ist das möglich, wenn diese Länder angeblich »nicht wettbewerbsfähig« sind? Haben sie tatsächlich Dinge gebaut, die so einzigartig komplex sind, dass alle sie kaufen müssen, egal zu welchem Preis? Oder haben sie Dinge produziert, die so billig sind, dass sie die Konkurrenz aus dem Feld geschlagen haben? Nichts von beidem ist der Fall. Spanien beispielsweise hat sich im modischen Qualitätsschuh-Segment eine Nische gesucht und damit Exporterfolge erzielt. Nach den sterilen Kriterien der Kosten-Wettbewerbsfähigkeit war Spanien natürlich nicht »konkurrenzfähig«, aber in der Realität war es das eben doch.

Wenn wir schon über die engen buchhalterischen

Grenzen des Begriffes »Wettbewerbsfähigkeit« hinaus denken, muss man auch die Frage aufwerfen, warum sich überhaupt das schiefe Bild derart durchsetzen konnte, das einzelne Regionen eines gemeinsamen Wirtschaftsraumes als »Konkurrenten« statt als »Wirtschaftspartner« begreift. Warum ist dieses Mantra des »Wettbewerbs« und der »Wettbewerbsfähigkeit« derart dominant, dass selbst jene, die es besser wissen, oft nicht mit Verve dagegen argumentieren?

Womöglich stößt uns das auf ein viel verstörenderes Problem: nämlich dass die Wettbewerbsideologie längst zur Dummheit unseres Zeitalters schlechthin geworden ist. Denn dass wir alle stets im Wettbewerb miteinander stehen – und dass das letztendlich sogar gut ist –, das hat man in unsere Köpfe hineingehämmert. Wettbewerb ist gut, hören wir seit Jahrzehnten, weil wir dann alle besser werden (im Wettbewerb mit anderen verbessern wir unsere Fähigkeiten, wir werden produktiver usw.), der Wettbewerb führt dazu, dass wir schönere Produkte produzieren und billigere obendrein. Und mehr noch: Wettbewerb macht ja auch Spaß. Jeder ist immerzu versucht, besser als der oder die andere zu sein – wie lustig das ist, sieht man ja schon bei den Kindern auf dem Fußballplatz. Verrührt wird das dann gern auch noch mit einem Darwinismus auf Gymnasiastenniveau.

Wohlgemerkt, nicht alles von alldem ist falsch: Aber die Wettbewerbsideologie hat es geschafft, die Vorstellung zu etablieren, dass verallgemeinerter Wettbewerb die eigentliche Conditio humana ist. Dabei ist es natürlich eher so, dass es durchaus nützlich ist, einige Zonen unseres gesellschaftlichen Lebens nach Wettbewerbsbedingungen zu organisieren – aber eben nur Zonen. Organisieren wir aber alles nach Wettbewerbsbedingungen, dann sind gesellschaftliche Pathologien die Folge – denn dann werden wir alle zusammen unter unseren Möglichkeiten bleiben.

Ökonomisch gesprochen: Wenn wir die Güterproduktion nach Marktgesichtspunkten organisieren, werden wir bessere und billigere Produkte bekommen. Wenn wir aber alle Aspekte des ökonomischen Lebens, etwa auch die »Arbeitsmärkte« (die im eigentlichen Sinn ja gar keine Märkte sind) oder die gesamtwirtschaftliche Entwicklung, (Konkurrenz-)Marktkräften aussetzen, dann werden wir Niedriglohnsektoren etablieren, Nachfrage- und damit Wachstumspotenzial verspielen, und die Wohlstandsproduktion wird unter ihren Möglichkeiten bleiben.

Sehr vielen Menschen wird dann die Möglichkeit vorenthalten, ihre Talente zu entwickeln, sehr viele Menschen werden sich dann ungerecht behandelt fühlen, und das wiederum wird ihre Motivation beschränken und damit auch das Produktivitätswachstum hemmen. Kurzum: Dass Menschen dann, wenn sie im Wettbewerb zueinander stehen, bessere Ergebnisse erzielen, ist ein ideologisches Postulat, das durch die Empirie nicht gedeckt ist und im Grunde ja auch dem gesunden Menschenverstand widerspricht.

Denn welchen Nutzen habe ich davon, einer Oma über die Straße zu helfen? Welchen Nutzen haben Menschen davon, sich in der freiwilligen Feuerwehr zu engagieren? Gut, möglicherweise haben sie einen Nutzen davon: Beispielsweise steigt ihr Ansehen, sie haben also einen Zuwachs an Sozialprestige. Das heißt aber: Menschen haben einen Nutzen davon, wenn sie sich gerade nicht konkurrentisch, sondern kooperativ verhalten. Und das wissen wir letztendlich doch aus unserem Alltag: Menschen konkurrieren bei manchen Gelegenheiten miteinander. Aber bei anderen kooperieren sie auch. Sie haben auch Empathie, sorgen sich um andere und helfen einander. Oft sogar zur selben Zeit und am selben Ort: Kollegen am Arbeitsplatz konkurrieren oft miteinander (um den prestigeträchtigeren Job, um höhere Gehälter, um den gehobenen Posten usw.), aber sie verhalten sich auch kollegial und solidarisch. Einerseits, weil es ihren Werten entspricht, andererseits, weil sie einen wachen Instinkt dafür haben, dass sich derjenige, der sich zu konkurrentisch verhält, aus der Gemeinschaft ausschließt und damit gerade die Möglichkeit verspielt, seine Ziele zu erreichen. Im Klartext gesprochen: Wer dauernd konkurriert, wird andere gegen sich aufbringen, als »Kollegenschwein« gelten und genau deshalb unter seinen Möglichkeiten bleiben.

Konkurrenz – die letzte Ideologie unseres Zeitalters

All das wissen wir instinktiv. All das wissen wir, und dennoch setzte sich das Mantra der Wettbewerbsideologie durch – gegen alle Evidenzen. Die Wettbewerbsideologie hat dazu geführt, dass wir auf der Makroebene verallgemeinerte Konkurrenz als nützlich ansehen, obwohl wir alle auf der Mikroebene genau wissen, dass höchstens Psychopathen all ihre Handlungen von Wettbewerbsmotiven steuern lassen.

Wir wissen, dass wir bessere Ergebnisse erzielen, wenn wir etwa unsere Ausbildungssysteme kooperativ organisieren; wenn Schüler nicht lernen, um gegen andere zu gewinnen, sondern weil es ihnen Spaß macht. Und dennoch organisieren wir unsere Ausbildungssysteme mehr und mehr nach Wettbewerbsgesichtspunkten. Etwa indem wir Anreizsysteme entwickeln, die die Schulen dazu bringen, gegeneinander zu konkurrieren – mit fragwürdigen Evaluierungsverfahren, die in aller Regel das Falsche messen und letztlich nur zu schlechteren Schulen und frustrierten Lehrern führen. Noch viel schlimmer ist das an den Universitäten.

Kurzum: Es gibt Bereiche im Leben, in denen wir alle bessere Ergebnisse erzielen, wenn Wettbewerb eine Rolle spielt. Aber zu behaupten, dass generell bessere Ergebnisse erzielt werden, wenn wir generell alles vom Konkurrenzgeist vergiften lassen – das ist eben pure Ideologie. Und diese Ideologie ist die Dummheit unseres Zeitalters. Die Konkurrenz erzeugt Übel aller Art. Die Konkurrenz bringt Kampfesstimmung in die Welt. Konkurrenz, die die Zäune jener Felder überschreitet, auf denen sie nützlich ist, erzeugt mörderischen Wahnsinn. Die Konkurrenzideologie ist das große Übel unserer Zeit, gerade deshalb, weil sie so allgemein als nützlich akzeptiert ist. Und deshalb ist das Ziel der kompetitiven Steigerung von »Wettbewerbsfähigkeit« so hegemonial geworden, obwohl es, in europäische »Pakte für Wettbewerbsfähigkeit« übersetzt, nichts anderes zur Folge hat als die Zerstörung Europas selbst.

Die Austeritätsbefürworter dagegen erzählen eine falsche Geschichte, die Story von der ewigen Konkurrenz zwischen jenen, die »solide« wirtschaften, und jenen, die sich ein bequemes Leben machen, die Story vom »moralischen Drama zwischen ›gutem Sparen‹ und dem ›unmoralischen Schuldenmachen‹«, wie der amerikanische Ökonom Mark Blyth in seinem Buch »Austerity – The history of a dangerous idea« schreibt. Eine Geschichte, die vor allem die deutsche Bundesregierung unter Führung von Angela Merkel und ihrem Finanzminister Wolfgang Schäuble trommelt und damit die Weltwirtschaft auf einen gefährlichen Pfad führt. Dafür ist eben die Wahnidee verantwortlich, man könne Ökonomien »gesundsparen«, eine ideologische Verirrung historischer Dimension, weshalb Comedians schon unken, spätere Generationen werden die gegenwärtige Epoche einst als »das finstere Muttialter« charakterisieren.

2. KAPITEL
Das Desaster des Finanzkapitalismus

Keynes hat nachdrücklich bestritten, dass der Sozialismus eine Medizin für die Krankheiten des Kapitalismus wäre. Beide, die klassischen Ökonomen wie die Sozialisten, so sagte er oft, glauben an dieselben ›Gesetze der Wirtschaft‹. Bloß, während die ersteren meinten, sie seien wahr und unausweichlich, sahen sie die anderen als wahr und inakzeptabel an. Keynes dagegen wollte zeigen, dass sie nicht wahr sind.« Diese knappe, treffende Charakterisierung stammt von Robert Skidelsky, dem berühmtesten Wirtschaftshistoriker unserer Epoche und Keynes-Biographen.

Mögen die ökonomischen Theorien von Keynes auch noch so raffiniert und variantenreich sein, so nennt Skidelsky doch den archimedischen Punkt, um den die Keynes'sche Lehre kreist. Während die klassischen Ökonomen Ausbeutung, Mangel, niedrige Löhne, Elend rechtfertigten, weil sie sie für notwendige und akzeptable Nebenerscheinungen des Kapitalismus hielten, waren die Sozialisten felsenfest davon überzeugt, dass all diese Phänomene Naturgesetze im Kapitalismus seien, sodass dieser erstens keineswegs funktionabel sei, zweitens an seine inneren Grenzen stoßen müsste und drittens so ungerecht, dass man ihn schleunigst auf den Misthaufen der Geschichte befördern sollte. Keynes wollte beweisen, dass beides einfach nicht wahr ist –

oder, genauer, nicht wahr sein müsste, wenn man die richtige Politik macht.

Die Fragestellungen, die ich im vorangegangenen Kapitel behandelte, sind allesamt noch in die keynesianische Konzeption integrierbar. Rezession und Stagnation, die gegenwärtige Krise des globalen Kapitalismus, die daraus folgende Arbeitslosigkeit, die sozialen Katastrophen in Ländern wie Griechenland, der wachsende ökonomische Stress, die Anspannung am Arbeitsmarkt und stagnierende Löhne, wie wir sie in unseren Breiten erleben – all das könnte vermieden werden, würde man nur einen vernünftigen Politikmix verfolgen, zu dem eine Steigerung der öffentlichen Investitionen genauso gehört wie eine Besteuerung hoher Vermögen und ein sukzessives Wachstum von Löhnen und Gehältern, zudem eine Politik, die sich wieder auf Vollbeschäftigung und sichere Jobs orientiert, statt ihr Heil in immer mehr prekären Minijobs zu suchen. Kurzum: Die Krisensymptome beweisen noch lange nicht, dass der Kapitalismus als solcher in eine grundsätzliche, schwer vermeidbare krisenhafte Niedergangsphase eingetreten ist, sondern nur, dass eben die falsche Politik gemacht wurde.

Auch die Themen dieses Kapitels, das sich die Frage stellt, weshalb der Finanzsektor im zeitgenössischen Kapitalismus eine solch große Bedeutung gewonnen hat und weshalb vom Finanzsystem eine große Gefahr für die innere Stabilität des Systems ausgeht, ist noch problemlos in das keynesianische Konzept integrierbar: Mit strenger Regulierung des Finanzsystems könnten, so wäre die keynesianische Antwort, diese Risiken tatsächlich eingedämmt werden. Aber beginnen wir von vorn.

Keynes hat sich primär mit der Frage beschäftigt, weshalb eine Ökonomie unter ihren Potenzialen bleiben kann, was insbesondere dann droht, wenn Unternehmen angesichts unsicherer ökonomischer Aussichten ihre Investitionen einschränken, etwa wenn sie die Realisierung üblicher Profite für unwahrscheinlich halten. In solch einem Fall werden die Wirtschaftssubjekte mehr sparen als investieren, statt Vollbeschäftigung wird Arbeitslosigkeit herrschen, die Löhne werden sinken, und die Beschäftigten werden nicht genug Einkommen haben, um die von ihnen hergestellten Produkte zu kaufen. Die Ökonomie bleibt also nicht nur unter ihren Möglichkeiten, sondern es wird sogar eine Spirale nach unten einsetzen, wenn nicht jemand etwas tut – und dieser jemand kann für Keynes nur der Staat sein. Das ist, vereinfacht gesagt, das Grundpostulat der Keynes'schen Konzeption.

Darüber hinaus können aber die »organisierten Kapitalmärkte«, wie Keynes das nannte, also die Finanzmärkte, einen gehörigen Schuss zusätzlicher Probleme auslösen. Auf diesen herrscht Herdentrieb, »Nervosität und Hysterie«, »tierische Instinkte« leiten die Anleger, schrieb Keynes, und fügte hinzu: »Spekulanten mögen keinen Schaden anrichten, wenn sie nur die Blasen auf dem festen Strom des Unternehmertums sind. Aber die Sache wird gefährlich, wenn die Unternehmen die Blasen auf dem Pool der Spekulation werden. Wenn die Entwicklung des Kapitalstocks einer Volkswirtschaft zu einem Nebenprodukt von Aktivitäten eines Kasinos wird, dann ist der Job wirklich schlecht gemacht.«

Weshalb Finanzmärkte besonders instabil sind

Wenn die »Realwirtschaft«, also jene Sektoren der Ökonomie, in denen der eigentliche Wohlstand und die echten Reichtümer geschaffen werden – also die immer schöneren Wohnungen, in denen wir wohnen, unsere Nahrungsmittel, die Produkte, die wir konsumieren, die Maschinen, die uns das Leben erleichtern, die medizinischen Instrumente oder Pharmazeutika, die unsere Gesundheit sichern etc. –, mehr und mehr in den Hintergrund treten und die Produktionsbedingungen in diesen Sektoren zum Spielball des Gezockes auf den Finanzmärkten werden, dann haben wir ein Problem, das war Keynes klar. Wir müssen an dieser Stelle noch nicht klären, *warum das überhaupt geschehen sollte*, also was dazu führt, dass die Realwirtschaft zur Blase auf der Welle der Spekulation werden könnte: Würde das immer und automatisch passieren, wenn man der Finanzwirtschaft immer mehr Spekulationsmöglichkeiten bietet? Warum eigentlich sollten sich Investoren dafür entscheiden, eher mit Finanztiteln Profite zu machen als durch Investitionen in Fabriken? Warum sollen Banken eher mit riskanten Papieren zocken, als Kredite an Unternehmen oder Häuslebauer zu vergeben? Hängt das nur von der Regulierung des Finanzsektors ab oder doch auch von den Profitaussichten in der Realwirtschaft? Wie sind diese Sphären verbunden? Sinken die Profitaussichten in der Realwirtschaft automatisch, wenn man den Finanzmärkten zu viel Spielraum gibt, weil dann die Volkswirtschaft unter ihren Potenzialen bleibt? Oder sinken die Profitaussichten in Industrie,

Landwirtschaft, Dienstleistungssektor aus anderen Gründen, weshalb Investoren versuchen, in der vom Geist des Ponzi-Schemas dominierten Finanzwelt noch schnelle Profite zu machen?

Genaue Antworten auf diese Fragen, die natürlich immens wichtig für unser Thema sind, werden wir bei Keynes nicht finden. Dafür müssen wir uns später anderen Forschern zuwenden. Bei Keynes und insbesondere bei seinen Nachfolgern werden wir aber sehr genau beschrieben finden, auf welche Weise der Finanzsektor eine Ökonomie in Schwierigkeiten bringen kann.

Dazu muss man zunächst einmal zwei ganz simple Dinge im Kopf behalten: Erstens sind die Finanzinstitutionen gewissermaßen das Schmiermittel der Ökonomie, ohne sie können alle anderen Wirtschaftssektoren praktisch keine Aktivitäten entfalten. Zweitens sind sie oft so groß, dass eine Krise einzelner Banken – oder gar des gesamten Sektors – sofort die gesamte Ökonomie in Mitleidenschaft zieht (oder im Extremfall sogar das gesamte System gefährdet). Das sind schon einmal ziemlich entscheidende Unterschiede im Vergleich zu Unternehmen, die beispielsweise Zahnstocher oder Sportschuhe herstellen, deren Untergang keine großen systemischen Auswirkungen hätte.

Die etablierte neoliberale Wirtschaftstheorie versucht zunächst einmal zu beweisen, dass Märkte effizient sind, und modelliert sich ihre Theorie anhand eines Bauernmarktes im Dorf zurecht. Wenn ein Bauer zu teure Kartoffeln anbietet (oder Kartoffeln schlechter Qualität), dann werden weniger Leute Kartoffeln kaufen. Die Kartoffeln werden dann billiger. Schon hat der Markt ein effizientes Ergebnis gebracht. Das Gleiche wird dann auf Zahnstocher- oder Turnschuhmärkte übertragen – wo das Modell auch noch einigermaßen funktioniert – und dann generalisiert. »Das ist der logische Trick dieser ökonomischen Lehre«, schreibt der amerikanische Wirtschaftsexperte George Cooper. »Erst überzeugt man uns, dass Gütermärkte effizient sind, und dann verklickert man uns den Glauben daran, dass dieses Prinzip auch für andere Märkte gilt.«

Aber bestimmte Märkte – beispielsweise der Arbeits»markt« oder der Gesundheits»markt« – funktionieren ganz anders. Und ganz besonders gilt das für die Finanzmärkte. Es war vor allem der amerikanische Ökonom Hyman Minsky, der in den siebziger Jahren des vergangenen Jahrhunderts im Anschluss an Keynes herausgearbeitet hat, weshalb Finanzmärkte besonders instabil sind, wenn man sie allzu frei gewähren lässt, und warum ihre Instabilität mit der Zeit zunehmen kann. Minskys Arbeiten wurden zu seiner Zeit weitgehend ignoriert. Man wollte seine Warnungen einfach nicht hören. Seine Thesen schienen auch allzu wirklichkeitsfremd. Schwere Finanzkrisen? Bitte schön, die hatte es doch seit Jahrzehnten nicht mehr gegeben! Erst seit dem Finanzcrash von 2008 erlebt Minsky eine regelrechte Renaissance, auch wenn er von seinem Nachruhm nichts mehr weiß – die Kernschmelze an den Kapitalmärkten hatte sich genauso abgespielt, wie Minsky es vorausgesagt hatte.

Zunächst einmal, so Minsky, unterscheiden sich Finanzmärkte von Gütermärkten in einer ganz entscheidenden Hinsicht: Gütermärkte arbeiten mit beschränkten Ressourcen und funktionieren nach dem Prinzip der Substitution. Das heißt: Ein Bauer mit einer bestimmten, möglicherweise steigerbaren, aber doch immer begrenzten Anzahl von Kartoffeln trifft auf einen Konsumenten mit einer beschränkten Menge verfügbaren Einkommens. Werden die Kartoffeln zu teuer, wird der Konsument irgendwann andere Lebensmittel kaufen. Er wird dem »Prinzip des Ersatzes« folgen. »Wenn das Prinzip der Substitution ausreichend stark ist, dann sind dezentrale Märkte ein brauchbares Instrument zur Verteilung der Güter. Allerdings, auf Finanzmärkten, auf denen die Spekulation sehr mächtig ist, findet das Prinzip der Substitution nicht immer seine Anwendung. Ein Anstieg der relativen Preise eines bestimmten Sets an Finanzinstrumenten oder Kapitalanlagen kann sehr gut mit einem Anstieg der Nachfrage gerade nach diesen Finanzinstrumenten einhergehen.«

Das klingt nach Fachjargon, ist aber eigentlich ganz leicht zu verstehen. Erstens ist auf boomenden Kapitalmärkten »Geld« – anders als auf dem Dorfmarkt – kein knappes Gut. Es wird sogar immer mehr. Zweitens kaufen Investoren oft gerade die Finanztitel, die im Preis steigen, weil sie ja auf weitere Preisanstiege spekulieren. Es ist also so, als würde der Bauer auf dem Dorfmarkt schreien: »Meine Kartoffeln sind die teuersten!«, worauf sie ihm förmlich aus den Händen gerissen werden. Aber das für sich allein begründet noch nicht die innere Instabilität von Finanzmärkten.

Gütermärkte haben eine innere Tendenz zur Stabilisierung, weil sie antizyklisch reagieren: Wird ein Gut teurer, wollen es weniger Leute haben, weshalb der Preisauftrieb gedämpft wird – und sinkt es im Preis, fällt es üblicherweise nicht ins Bodenlose, weil dann neue Käufer auftreten, die es zum nunmehr geringeren Preis kaufen. Finanzmärkte dagegen agieren prozyklisch. Minsky beschreibt die fatalen Folgen dessen im Detail.

Denken wir uns einen Investor, der auf Kapitalmärkten agiert und mit seinen eigenen Geldmitteln einen Finanztitel kauft. Er macht daraufhin die Erfahrung, dass dieser Finanztitel im Wert steigt. Legen wir unser Exempel nicht allzu simpel an, sondern nehmen wir realitätsgetreu an, dass es nicht nur diesen Investor gibt (was logisch ist, denn sonst könnte der Finanztitel ja nicht im Wert steigen, denn das tut er ja nur, wenn ihn viele Leute zu einem immer höheren Preis kaufen), sondern nehmen wir auch an, dass es viele Finanztitel gibt. Im Boom steigt natürlich nicht nur dieser Finanztitel im Wert, sondern auch viele andere Finanztitel. Es herrscht, wie es in der Sprache der Finanzmärkte heißt, Bullenstimmung an den Märkten. Aber noch ist das System einigermaßen stabil, da das, was Minsky »die Finanzierungsgewohnheiten« der Akteure nennt, nicht sonderlich problematisch ist. Unser Investor kauft ja, wie wir gehört haben, mit seinem eigenen Geld. Geht das Investment schief, hat er zwar Pech gehabt, es ist aber noch keine größere systemische Katastrophe passiert. Minsky beschreibt dann in der Folge, wie sich in einem langanhaltenden Boom die Finanzierungsgewohnheiten von »risikolos« in Richtung »riskant« verschieben.

Länger dauernde Stabilität des Systems selbst führt zur Instabilität, oder, wie Minsky das pointiert formuliert: »Stabilität ist destabilisierend.« Barrosos Exberater Legrain meint dasselbe, wenn er formuliert: »Das Finanzsystem ist intrinsisch instabil, weil es auf Wetten auf eine unbekannte Zukunft beruht, die sich eine ganze (lange) Weile als selbsterfüllend herausstellen können.«

Wie kann aber diese intrinsische Instabilität in regelrechte Katastrophen umschlagen? Denken wir weiter, was unser Investor jetzt tut. Er macht die langandauernde Erfahrung, an die er sich so gewöhnt, dass es ihm als Normalität erscheint, dass er mit seinen Investments einen schönen Vermögenszuwachs erzielt, er sieht zudem, wie der Markt boomt, die Gewinnspannen groß, die Kreditzinsen niedrig sind, und er beschließt, seine Investitionen mit Krediten zu finanzieren. Damit kann er ja ein weit größeres Rad drehen. Er kann jetzt vielleicht nicht nur 100 000 Euro Gewinn einfahren, sondern zehn Millionen, dafür hat er vielleicht Zinszahlungen von einer Million Euro zu leisten, aber sein Gewinn liegt dramatisch höher. Und unsicher muss er sich ja nicht fühlen. Wann war das System denn jemals instabil gewesen? Unser Investor kann sich daran nicht erinnern.

So ähnlich wie er verhalten sich auch die anderen Investoren. Sie alle spekulieren jetzt nicht mehr mit eigenem, sondern mit geliehenem Geld und sind womöglich sogar von kurzfristigen Krediten abhängig. Zunächst läuft aber natürlich alles gut. Nein: Bestens. Minsky: »Während einer Verschiebung in Richtung spekulativer Finanzierung wachsen insgesamt die Profite, wodurch Kreditgeber wie Kreditnehmer in ihrer Entscheidung zugunsten einer spekulativen Finanzierung bestätigt werden.« Doch das System hat sich »von einer für Finanzkrisen nicht anfällige in eine dafür anfällige Struktur« verschoben.

Wie wir die innere Instabilität der Finanzmärkte noch verstärkten

Wieso das? Nun, solange alle unsere Investoren ihre Finanztitel mit eigenem Geld gekauft hatten, hätten sie bei einem Kurseinbruch dieser Finanztitel ihr eigenes Geld verloren, darüber hinaus wäre aber nichts Schlimmes geschehen. Möglicherweise wäre sogar gar nichts geschehen: Sie hätten ja beispielsweise, je nach Art des Finanzinstruments, dieses weiter halten und hoffen können, dass der Kurs sich wieder erholt. Aber jetzt sind alle verschuldet, und zwar kreuzweise jeder bei jedem. Denn es waren nicht nur Banken, die Investoren Geld geliehen haben, die Banken haben sich selbst Geld geliehen und selbst an dem Rad mitgedreht. Kreditvermittler, Investmentfonds, biedere Geschäftsbanken, alle hängen in der Realität in solchen Fällen irgendwie drin. Nun müssen sie ihren Zahlungsverpflichtungen nachkommen, können das aber nicht aus ihren laufenden Einnahmen tun – denn die sind ebenso eingebrochen wie die Werte ihrer Papiere. Was macht unser Investor also? Er stößt vernünftigerweise einen Teil seiner Papiere ab. Oder besser: Er versucht es.

Leider muss er in diesem Augenblick feststellen, dass sehr viele Leute in derselben Situation sind wie er. Das heißt also: Es werfen viele Leute zeitgleich Wertpapiere auf den Markt (vielleicht sogar die gleichen wie unser Investor), zugleich gibt es aber kaum mehr Leute, die kaufen. Der Markt verfällt. Die Wertpapiere sind noch weniger wert, weshalb unser nunmehr nicht nur verschuldeter, sondern überschuldeter Investor in Panik auch noch die restlichen Wertpapiere auf den Markt bringen muss.

Während es stetig aufwärtsgeht, sind alle bester Stimmung, und tatsächlich baut sich die Blase an Verschuldung durch die Einbeziehung immer neuer Akteure in den Markt immer mehr auf. »Die Personen, die Finanzmittel bereitstellen, leben im gleichen Erwartungsklima wie diejenigen, die sie nachfragen. In den verschiedenen Finanzmärkten werden die Nachfrager mit Schuldenstrukturen, die sie in früheren Zeiten für Anbieter kreditunwürdig gemacht hätten, nun völlig akzeptabel«, schreibt Minsky.

Genau das haben wir in den Jahren vor der Finanzkrise erlebt. Kreditvermittler hatten, beispielsweise in den USA, Geringverdienern Hypotheken zum Hauskauf angeboten (oder Hypotheken aufgeschwatzt, die sie auf die Häuser aufnehmen konnten, die sie schon besaßen) und diese Kredite wieder an Banken weiterverkauft, die sie zu Kreditbündeln (sogenannten strukturierten Wertpapieren) verschnürten, deren Anteile sie dann an gutgläubige Sparer, aber auch an Banken in aller Welt weiterverkauften. Was, solange die Blase sich aufpumpte, als Investment erschien, entpuppte sich hinterher als simpler Betrug. Die sprichwörtliche Gier der Banker hat in der Realität dafür gesorgt, dass in vielen Fällen die Grenze vom »überriskanten« Investment zur schieren Gaunerei und Räuberei überschritten wurde.

Warum ist Betrügerei in Finanzinstitutionen endemisch?

Banken haben nichtsahnenden Kunden Papiere angedreht, die praktisch wertlos waren, und dafür einfach Provisionen kassiert – und dann nicht selten sogar Kreditausfallversicherungen auf genau diese Papiere abgeschlossen, also auf einen Zahlungsausfall gewettet, worauf sie noch einmal gewonnen haben. »Es hat quasi Geld geregnet, wir mussten nur den Schirm aufspannen«, zitierte der »Spiegel« einen Banker.

Die Untersuchungskommission des US-Kongresses zur Finanzkrise nennt das Kapitel über die Jahre nach 2006 schlicht »The Madness«: »Der Irrsinn«. Ein Buch über das Finanzsystem der letzten Jahre könnte mühelos »Lexikon des geprellten Bankkunden« genannt werden, formuliert der deutsche Wirtschaftsjournalist Malte Heynen in seinem Buch »Der Raubzug der Banken«. Minutiös hat er gesammelt, welche Klagen allein die Deutsche Bank in den vergangenen Jahren am Hals hatte, seien es Klagen von US-Gerichten, von Firmen, Kunden und staatlichen Stellen.

Dafür, dass die Bank der US-Firma Worldcom half, Geld von Anlegern zu leihen, kurz bevor sie pleiteging, zahlte die Deutsche Bank 241 Millionen Euro für außergerichtliche Einigungen. Für die Beteiligung an illegalen Steuersparmodellen – 421 Millionen Euro. Für den Verkauf von Hypothekenpapieren, die zum Zusammenbruch von fünf US-Genossenschaftsbanken führten – 106 Millionen Euro. Wegen »unverantwortlicher Kreditvergabe« – 2,7 Millionen Euro. Für die Konstruktion eines Fonds zum Nachteil von Kleinanlegern – 600 Millionen Euro. Für den Verkauf dubioser Zinswetten an die Stadt Mailand – 455 Millionen Euro.

Und das ist nur ein kleiner Ausschnitt allein dessen, was nur die Deutsche Bank auf dem Kerbholz hat. Betrügerei auf Finanzmärkten ist aus zwei Gründen endemisch: Einerseits stellt sich der Betrug nicht sofort, sondern oft erst nach sehr langer Zeit heraus, weshalb die Banken keinen sofortigen Vertrauensverlust durch die Kunden fürchten müssen. Zweitens ist der Anreiz, Kunden übers Ohr zu hauen, natürlich viel höher, wenn durch solche Praktiken Milliarden verdient werden können und nicht bloß ein paar tausend Euro.

Tatsächlich ist, wie Minsky uns klarmacht, der Betrug aber nur mehr das, was zusätzlich dazukommt – die Tendenz zur Instabilität ist schon dem ganz normalen Funktionieren der Finanzmärkte eingeschrieben. »Wir müssen einräumen«, resümiert Minsky, »dass die Möglichkeit von Finanzkrisen das Resultat des inneren Betriebsmodus unserer Wirtschaft ist.« Anders als Gütermärkte sind Finanzmärkte so etwas Ähnliches wie Atomkraftwerke, die garantiert einen Super-GAU produzieren, wenn man sie ohne Kühlsystem laufen lässt. »Die Empfehlungen für die Politik sind klar«, schreibt James K. Galbraith über Minskys Erkenntnisse und fasst sie so zusammen: »Geh auf Nummer sicher. Play it save. Wag dich nicht an die Grenzen heran.« Ein Finanzsystem, das nicht engen Regulierungen durch Gesetze, Zentralbanken, hohe Eigenkapitalregeln und anderes unterliegt, werde früher oder später aus seiner inneren Dynamik heraus katastrophale Folgen zeitigen.

Aber kehren wir zurück zu unserer Fragestellung: Minsky zeigt uns, wie der Kapitalismus funktioniert, aber nicht notwendigerweise, dass er kollabieren muss. Denn eines scheint für ihn und alle an ihm geschulten Keynesianer klar: Auch wenn der Kapitalismus intrinsische Quellen von Instabilität in sich hat, ja von Instabilitäten, die in Katastrophen münden können, so kann man ihn eben stabilisieren, etwa wenn man die Finanzmärkte an die Kandare nimmt. Ein notwendiger Niedergang des Kapitalismus ist nicht nur nicht bewiesen, von ihm kann eigentlich noch immer keine Rede sein. Noch befinden wir uns im Rahmen des keynesianischen Konzeptes. Aber der Verdacht, dass diese Krisentendenzen Symptome eines nachhaltigen Verfalls sind, wird sich in den kommenden Kapitel erhärten.

3. KAPITEL
Die inneren Widersprüche des Kapitalismus

Tobias ist Betriebsrat bei H&M und hat tagtäglich mit raffinierten Versuchen seiner Unternehmensführung zu kämpfen, die Löhne seiner Kollegenschaft zu drücken. Auf dem Weg zur Arbeit kommt er aber oft an Plakaten vorbei, die ein viel freundlicheres Gesicht von H&M zeigen: Models, die glücklich aussehen, weil sie die neueste Fashion-Linie tragen, die das Unternehmen gerade auf den Markt geworfen hat. Plakate also, die die Konsumenten dazu verführen sollen, bei H&M einzukaufen. Das können diese Konsumenten natürlich nur, wenn sie genug Geld in der Tasche haben. Hannah dagegen sitzt beim Elektrogroßhändler Saturn an der Kasse und wird von ihrer Firma ebenfalls mit dem absoluten Minimum abgespeist. Sie trägt einen rot gefärbten Haarschopf, an den Seiten sind die Haare braun und kurz rasiert. Man sieht Hannah schon von weitem an, dass sie viel Wert auf ein cooles Outfit legt. An der Außenfront des Kaufhauses sind riesengroße Poster angebracht, die die Passanten zum Kauf bei Saturn verleiten sollen.

Auch Tobias geht hier oft vorbei. Gern kauft er, wenn denn das Geld reicht, eines der gerade angesagten Elektronik-Gadgets. Hannah würde auch gern häufiger bei H&M einkaufen, aber sehr oft ist ihr das nicht möglich, sie muss mit ihrem knappen Gehalt hart kalkulieren.

Nun betrachten wir unser Exempel aus der Sicht der Firmenleitungen: Die Firma H&M versucht das Einkommen von Tobias und seinen Kollegen so niedrig wie möglich zu halten, weil diese aus ihrer Sicht nichts als Kostenfaktoren sind. Hätte Hannah, die Kassierin von Saturn, allerdings mehr Geld im Portemonnaie, dann würde das die Firma H&M natürlich freuen – Hannah könnte dann häufiger im Modekaufhaus shoppen. Für die Firma Saturn stellt sich die Sache genauso (oder anders gesagt: genau umgekehrt) dar: Sie hätte gar nichts gegen einen höheren Lohn für Tobias einzuwenden, denn der ist ein potenzieller Konsument, dessen Kaufkraft Saturn ja gern auf die eigenen Mühlen lenken würde, nur Hannah und ihre Kolleginnen sollen für einen Hungerlohn schuften.

Das ist kein abstraktes Gedankenspiel, sondern die praktische, alltägliche Realität unseres Wirtschaftssystems, die sich für den Betriebsrat Tobias so darstellt: »H&M vergibt ausschließlich befristete Teilzeitverträge. Diese Verträge beinhalten in neunzig Prozent der Fälle eine wöchentliche Stundenzahl von garantierten zehn Stunden. Das kann Vollzeit bedeuten, letztlich hat man aber nie eine Sicherheit. Besonders in umsatzschwachen Monaten werden diese ›Stundenlöhner‹ auf ihr Minimum heruntergefahren. Die Mitarbeiter sitzen zu Hause auf Abruf. Über Renten brauchen wir gar nicht zu reden. Wer Vollzeit durcharbeitet, kann mit einer Rente von 750 Euro rechnen. Aber bei uns werden ohnehin nur mehr flexible Teilzeitkräfte eingesetzt. Auch das Urlaubgeld wird falsch ausgezahlt. Da man im Sommer nie weiß, wie viel der Beschäftigte am Ende des Jahres gearbeitet haben wird, ist ja unklar, was ihm zusteht.

So hat die Firma beschlossen, einfach den Januar als Berechnungsmonat zu nehmen – das ist aber mit Abstand der umsatzschwächste Monat, in dem die Leute am wenigsten eingesetzt werden. Es hat jahrelange Betriebsratsarbeit und Kämpfe gebraucht, bis wir durchgesetzt haben, dass nach einer akkuraten Berechnung am Jahresende die verbliebenen Gelder nachbezahlt werden.«

Mit dem Kapitalismus, schrieb Karl Marx einmal, »ist die Verrücktheit (…) als ein Moment der Ökonomie und das praktische Leben der Völker bestimmend« geworden. So verlange »jeder Kapitalist zwar, dass seine Arbeiter sparen sollen, aber nur *seine*, weil sie ihm als Arbeiter gegenüberstehen; beileibe nicht die übrige Welt der Arbeiter, denn sie stehen ihm als Konsumenten gegenüber. (…) (Darum) sucht er alle Mittel auf, um sie zum Konsum anzuspornen, neue Reize seinen Waren zu geben, neue Bedürfnisse ihnen anzuschwatzen etc.«

Marx nannte Paradoxien wie diese die »Widersprüche des Kapitalismus«, in diesem Fall also die Tatsache, dass für jeden Unternehmer die eigenen Beschäftigten nur Kostenfaktoren sind, deren Lohn er drücken möchte, während für alle Unternehmer alle Beschäftigten (bis auf die eigenen) primär potenzielle Konsumenten sind, deren Kaufkraft sie schätzen, weshalb sie sich natürlich wünschen, dass sie ordentliche Löhne erhalten.

Das ist nun eben einer der ganz erheblichen Widersprüche dieses Systems, dass Unternehmer dieselbe Ware möglichst billig produzieren, aber möglichst teuer verkaufen wollen und dass die Arbeiter und Angestellten, deren Lohn man drückt, und die Konsumenten, denen man das Gerümpel andrehen möchte, systemisch gesprochen, *at the end of the day* dieselben Leute sind.

Kooperativ produzieren, privat aneignen

Marx und viele andere Ökonomen spürten eine Reihe solcher Widersprüche auf, und Marx versuchte sie in einer Art großem »Grundwiderspruch« zusammenzufassen: dem Widerspruch zwischen gesellschaftlicher Produktion und privater Aneignung der Reichtümer. Es ist ja, anders als uns etwa die konventionelle Sprache nahelegt, nicht der Unternehmer, der »etwas unternimmt« – Sparer leihen ihm das Geld für Investitionen, seine Arbeiter produzieren, ausgebildet werden diese Beschäftigten in staatlichen Schulen etc. Die Produktion ist eine soziale, gemeinsame Aktivität, in der die Unternehmer oder gar die Manager oder die bloßen Aktionäre keine besondere, soll heißen: keine exklusive Rolle spielen. Wie die vielen anderen Beteiligten auch tragen sie einfach ihr Schärflein zur Produktion bei.

Die Konsumtion könnte in einem gewissen Sinne auch eine soziale Aktivität sein: Alle Produkte, die wir gemeinsam produzieren, könnten von uns gemeinsam konsumiert werden (wobei gemeinsam nicht heißt, dass wir alle vom selben Pizzastück abbeißen, sondern dass wir sie eben fair aufteilen). Das passiert nur leider nicht, da wir uns durch gesellschaftliche Konvention, Ideologie und ein bisschen Mithilfe von Lobbygruppen, konservativen Parteien, Richtern und Polizisten darauf verständigt haben, dass der Unternehmer natürlich die Schlüsselfigur in diesen Operationen ist und ihm zunächst einmal die private Aneignung der Einkünfte zusteht und er sie eben auf irgendeine Weise teilt (das heißt: ein paar Krümel abgibt).

Die Welt steht in dieser Ideologie quasi kopf: Der privatwirtschaftliche Unternehmer wird als Held gesehen, der von seinem sauer und ehrlich verdienten Profit gemeinerweise etwas abgeben müsse, anstatt dass man die Welt realistisch so sieht, wie sie ist – alle tun mit, aber einer hat das Sagen und die Vorteile. Diese, man könnte sie salopp nennen: Privilegierung des Unternehmers hat freilich den unschönen Nebeneffekt, dass die schönen Güter, die produziert werden, möglicherweise nicht allesamt abgesetzt werden können, weil die potenziellen Konsumenten nicht genügend Geld in der Tasche haben. Oder, etwas komplexer formuliert: dass die schönen Güter, die produziert werden *könnten,* oft gar nicht produziert *werden,* weil dies angesichts der Absatzaussichten sinnlos wäre.

Ein anderer Widerspruch des Kapitalismus ist der zwischen Konkurrenz und Monopol. Je erfolgreicher ein Unternehmen im kapitalistischen Wettbewerb, desto größer wird seine Marktmacht (und damit auch seine Möglichkeit, außerökonomisch Macht auszuüben, also etwa Politiker zu beeinflussen und die Regeln zu seinen Gunsten zu gestalten), was letztendlich den ökonomischen Wettbewerb zumindest tendenziell zum Stillstand bringt. Nun mögen Sie an dieser These instinktiv zweifeln, weil man Ihnen ja erstens täglich ins Bewusstsein hämmert, dass unsere Gesellschaft eine »Marktwirtschaft« sei, und wir auch regelmäßig mit den romantischen Geschichten irgendwelcher kleinen Start-ups konfrontiert werden, die aus Garagen heraus neue Firmen gründeten, die dann Weltmarktführer wurden und alte Firmen verdrängten. Aber die Realität sieht anders aus.

So ist es zum Beispiel den großen deutschen Unternehmen gelungen, ihre Marktmacht seit hundert Jahren zu zementieren. Unter den großen DAX-Unternehmen werden Sie kaum eines finden, das nicht schon vor Jahrzehnten ein Riese war – BASF, Bayer, BMW, Thyssen. Die einzige Ausnahme, schreibt die Wirtschaftsjournalistin Ulrike Hermann, »ist der Softwarekonzern SAP, der erst 1972 gegründet wurde (...) Ob Stahl, Autos, Chemie und Pharma: Die Märkte sind weitgehend geschlossen und für Neulinge nicht mehr zu knacken.«

Nun könnte man natürlich einwenden, dass der Wettbewerb selbst dazu beigetragen hat, dass diese Firmen über hundert Jahre erfolgreich blieben: Die Herausforderung durch Konkurrenten könnte ja dazu geführt haben, dass sie den Anreiz verspürten, immer besser zu werden. Das ist sicherlich richtig, aber eben nur halb – und damit auch halb falsch. Marktführende Unternehmen haben noch ganz andere Möglichkeiten, sich Konkurrenten vom Leib zu halten. Beispielsweise können sie auf ihre Erfindungen und Produkte Patente anmelden, die es Herausforderern verbieten, ihre Methoden nachzuahmen und auch weiterzuentwickeln. Die marktführenden Unternehmen selbst werden oft auch nicht mehr in Forschung und Entwicklung investieren, sondern eher versuchen, ihren technologischen Vorsprung zu verteidigen – und sei es, indem sie neue konkurrierende Erfindungen kleinerer Unternehmen vom Markt kaufen. Die überschüssigen Milliarden dafür haben sie ja. Aktivitäten dieser Art sind aber nicht dazu angetan, den technologischen und den Produktivitätsfortschritt zu fördern, sondern ihn zu hemmen, was dann Wachstum und Entwicklung abbremst.

Je entwickelter eine kapitalistische Produktionsweise,

so war Marx überzeugt, desto schärfer werden diese Widersprüche. Wenn die erdrückende Mehrheit der Bevölkerung zu Arbeitern und Angestellten geworden ist, die auf irgendeine Weise gegen Lohn oder Gehalt ihre Arbeitskraft verkaufen müssen, gleichzeitig aber immer mehr große Firmen entstehen, die den Markt dominieren und die mit immer mehr Maschinen in großen Fabriken die Dinge praktisch automatisiert herstellen können, werde der Druck auf die Beschäftigten immer größer. Sie sind ja jederzeit ersetzbar, denn die allermeisten von ihnen benötigt man nicht mehr für die kapitalistische Produktion.

Immer häufiger stellt sich das Problem, dass die produzierten Reichtümer nicht abgesetzt werden können, weil den Konsumenten die Kaufkraft fehlt, was zu den bekannten konjunkturellen Krisen (in der marxistischen Terminologie spricht man von regelmäßigen »Überproduktionskrisen«) führt und auch zu einer langfristigen strukturellen Krise, da sich zwar die Profite, die solche Firmen dann machen, wenn schon nicht in absoluten Zahlen so doch relativ zum eingesetzten Kapital (den durchtechnisierten Fabriken, den Maschinen etc.) stetig reduzieren.

»Es folgt daher, dass im Maße, wie Kapital akkumuliert, die Lage des Arbeiters (...) sich verschlechtern muss (... Dies) schmiedet den Arbeiter fester an das Kapital als den Prometheus die Keile des Hephästos an den Felsen. Die Akkumulation von Reichtum auf dem einen Pol ist also zugleich Akkumulation von Elend, Arbeitsqual, Sklaverei, Unwissenheit, Brutalisierung und moralischer Degradation auf dem Gegenpol, dh. auf der Seite der Klasse, die ihr eigenes Produkt als Kapital produziert.« Nun seien das, wie Marx es nennt, Gesetze des Kapitalismus, die nicht zuletzt aus dem Prinzip der Konkurrenz resultieren, also: der einzelne Kapitalist könnte, selbst wenn er es wollte, aus dieser Logik gar nicht aussteigen. Marx nennt das den »antagonistischen Charakter der kapitalistischen Akkumulation«.

Können die »Widersprüche« entschärft werden?

Im Begriff »antagonistisch« klingt schon an, dass Marx ein paar dieser Widersprüche – man kann auch sagen: die Summe dieser Widersprüche – für unauflösbar hielt, vor allem natürlich den zwischen den gesellschaftlichen Produzenten (vulgo: den Arbeitern) und denen, die sich den Reichtum privat aneignen (vulgo: den Kapitalisten). Nun ist es eine knifflige Frage, selbst wenn man die Existenz solcher Widersprüche nicht bestreitet (und kein vernünftiger Mensch kann das tun), ob diese Widersprüche unauflöslich sind und sich somit auch immer mehr verschärfen – oder ob es Widersprüche sind, die durch Kompromisse, Lavieren, Durchwursteln oder Ähnliches in Schach gehalten, entschärft, wenn auch nicht völlig aus der Welt geschafft werden können.

In der modernen Sozialwissenschaft nennt man Konflikte dieser Art »Zielkonflikte«, mit denen wir Menschen im Alltag nicht selten ganz gut zurechtkommen. So wollen wir unsere Kinder umhätscheln, sie aber dennoch dabei unterstützen, flügge zu werden (Wünsche, die stets miteinander in Konflikt geraten müssen), aber in der Regel schaffen wir die Quadratur dieses Kreises ganz gut.

Das eben dies möglich ist, war ja die Botschaft der keynesianischen Konzeption. Da die Ökonomie nicht im luftleeren Raum »passiert«, sondern eingebettet ist in soziale Beziehungen, in eine staatliche und politische Ordnung, können sogar Tendenzen der Verschärfung von Widersprüchen auf paradoxe Weise zu einer Entschärfung dieser Widersprüche beitragen. Beispielsweise: Mit der Akkumulation des Kapitals entstand eine zahlenmäßig mächtige Arbeiterklasse. Die Arbeiter haben sich dann in Gewerkschaften und in Arbeiterparteien zusammengeschlossen und Lohnerhöhungen durchgesetzt, was auf der systemischen Ebene zu einer Steigerung der Massenkaufkraft führte und den oben geschilderten Widerspruch zwischen gesellschaftlicher Produktion und privater Aneignung entschärfte. Und, nebenbei gesagt, dazu führte, dass Marx' Voraussage, dass die zunehmende Akkumulation des Kapitals »die Lage des Arbeiters verschlechtern muss«, nicht ganz exakt zutraf.

Aber nicht nur solche »ungeplanten« Aktivitäten zeitigen Nebenfolgen, die Widersprüche entschärfen können. Keynes' Politikvorschläge gingen ja davon aus, dass es neben den Arbeitern, die versuchen, ihre Interessen durchzusetzen, und den Kapitalisten, die versuchen, ihren Eigennutz zu maximieren, noch einen großen Dritten geben kann, der abseits der Partikularinteressen noch das gesellschaftliche Ganze, den Gemeinsinn oder einfach die langfristige gesunde Prosperität einer Volkswirtschaft im Auge haben kann: den Staat, der Superprofite abschöpft, der Regeln erlässt, der Investitionen plant, der die Märkte korrigiert, der die »Sozialpartner« – also Unternehmer und Gewerkschafter – an einen

Tisch bittet, um die Lohnentwicklung entlang des Produktivitätszuwachses zu fördern und sicherzustellen etc.

In den Jahrzehnten nach Marx' Tod haben eine ganze Reihe marxistisch inspirierter Denker Theorien entwickelt, die darauf hinausliefen, dass der Kapitalismus an seinen eigenen Widersprüchen kollabieren müsse – diese Theorien wurden unter dem Label »Zusammenbruchstheorien« bekannt und waren auf entschiedenere oder maßvollere Weise unter linken Kapitalismuskritikern recht beliebt. Entschieden heißt in diesem Fall: der Kapitalismus werde unausweichlich kollabieren. Maßvoll heißt: die Widersprüche müssen sich zuspitzen, und auch wenn der Kapitalismus nicht zusammenbrechen müsse, so spiele seine unausweichliche Krisenhaftigkeit seinen Gegnern zumindest in die Hände.

Da sich der Kapitalismus allerdings als recht lebensfähig erwies und auch die Hochzeit dieser Theorien nunmehr schon hundert Jahre überlebt hat, haben diese notgedrungen an Beliebtheit verloren. Wer heute einen Zusammenbruch des Kapitalismus auch nur als Möglichkeit in Betracht ziehen will, der muss mit dem Gelächter derjenigen rechnen, die ihm vorhalten, dass der Kapitalismus schon von ganzen Heerscharen von Kritikern totgesagt wurde, die er allesamt überlebt hat.

Allerdings habe ich für die auf diese oder ähnliche Weise argumentierenden Freunde des Weltkapitalismus eine gute und eine schlechte Nachricht. Die gute Nachricht ist, dass der Kapitalismus sich tatsächlich als überraschend vital und adaptionsfähig erwiesen hat. Die schlechte Nachricht ist, dass daraus noch lange nicht folgt, dass das zwangsläufig auch für die Zukunft gilt.

Weshalb geriet der Kapitalismus auf die abschüssige Bahn?

Heute gelten die rund dreißig Jahre zwischen 1940 und 1970 als die goldenen Zeiten des keynesianischen Arrangements, in denen der Kapitalismus allen früheren Unkenrufen zum Trotz seine unglaubliche Vitalität bewiesen hat. Es begann in den USA mit dem New Deal von Präsident Franklin D. Roosevelt und etwa zeitgleich in Großbritannien und Skandinavien mit dem Aufbau eines Wohlfahrtsstaates, setzte sich nach 1945 im Nachkriegs-Westeuropa fort und bezog später auch das aufstrebende Japan mit ein: die Löhne stiegen, durch staatliche Investitionstätigkeit wurde die Nachfrage stabil ausgeweitet, die Produktivität nahm zu, und immer mehr Menschen wurden in den Kreis kapitalistischer Lohnarbeit integriert (die »Erwerbsquote«, wie das im Fachjargon hieß, nahm zu). Was steigende Löhne als Profitpotenzial wegfraßen, fügten die steigende Produktivität und das Wachstum auf der anderen Seite wieder hinzu.

Die USA als technologisch fortgeschrittenste Nation mit relativ hohem Lohnniveau schotteten sich von der wachsenden Konkurrenz von Ländern wie Deutschland, die technologisch langsam aufholten, aber ein viel niedrigeres Lohnniveau aufwiesen, nicht ab, sondern ermöglichten den Konkurrenten (die in der Blockkonkurrenz mit dem »realsozialistischen« Osten politische Verbündete waren) aufzuholen. All das geschah zum wechselseitigen Vorteil: die aufstrebenden Länder hatten zwar hohe Exportüberschüsse (was ihnen erst die Möglichkeit zur »nachholenden Entwicklung« gab), waren aber dennoch auch gern gesehene Absatzmärkte für amerikanische Produkte. Frankreich erzielte bis in die frühen fünfziger Jahre jährliche Wachstumsraten von 19 Prozent, Deutschland immerhin von 13 Prozent, Österreich von 15 Prozent. Während des gesamten Booms bis 1973 wuchs ganz Westeuropa im Durchschnitt jährlich um vier Prozent, wobei die Wachstumsraten von Deutschland und Österreich mit rund fünf Prozent sogar noch darüberlagen. Die Wachstumsraten in den USA waren mit 3,6 Prozent nur unwesentlich niedriger.

Das Produktivitätswachstum war hoch, ebenso die Unternehmensprofite. Die Arbeitslosigkeit nahm stetig ab, bis in den meisten Ländern eine Situation der Vollbeschäftigung erreicht war. Es ist unnötig, darauf hinzuweisen, dass in einem solchen ökonomischen Umfeld auch das gesamte soziale Gefüge der prosperierenden Gesellschaften sich positiv veränderte: Arbeitnehmer und Unternehmer blickten mit Optimismus in die Zukunft, das Bildungsniveau der Bevölkerung stieg an, immer mehr Menschen entwickelten bessere Qualifikationen, vielen gelang ein sozialer Aufstieg. Den Menschen ging es zunehmend und in jeder denkbaren Hinsicht besser, und sie waren sich auch sicher, dass das so weitergehen würde: »Die Kinder werden es besser haben« war zum allgemeinen Grundgefühl geworden.

Mit dem Ende des Nachkriegsbooms Ende der sechziger, Anfang der siebziger Jahre brach diese Erfolgsgeschichte ziemlich jäh ab. Die Wachstumsraten sanken, die Arbeitslosigkeit nahm zu – in den USA und in Westeuropa. Ein chronischer Niedergang setzte ein, der mit den Krisensymptomen einherging, die wir oben schon phänomenologisch beschrieben haben: wachsende Staatsverschuldung, wachsende Bedeutung der Finanzspekulation gegenüber der Realproduktion, damit einhergehend zunehmende Instabilität des Finanzsektors. Noch haben wir diese unterschiedlichen Phänomene nur beschrieben, wir haben aber noch nicht untersucht, inwieweit sie sich gegenseitig bedingen, was also eigentlich die Ursache-Wirkung-Zusammenhänge sind.

Bevor wir uns dieser Frage stellen, die für unser Thema die entscheidende ist, möchte ich aber schon einmal klarmachen, was sicherlich *nicht* die Ursache ist, auch wenn das in den bunten Wirtschaftsblättern gern so dargestellt wird: dass den entwickelten kapitalistischen Ländern wie den USA, Japan und den Volkswirtschaften Westeuropas Konkurrenz durch China und die anderen aufstrebenden Schwellenländer erwachsen ist, dass also der Wohlstand und das Wachstum einfach nur ausgewandert wären und die Fortschritte jetzt andere machen würden. Wäre das so simpel, dann wären ja die Wachstumsraten des Weltkapitalismus im Ganzen einigermaßen stabil geblieben, es würden heute eben nur andere Länder und deren Bürger davon profitieren. Aber das ist keineswegs der Fall, wie schon ein oberflächlicher Blick auf die Statistiken zeigt.

Zwischen 1951 bis Ende der siebziger Jahre wuchs die Weltwirtschaft jährlich um 4,8 Prozent, zwischen 1980 und dem Crash von 2007 wuchs sie nur mehr um 3,2 Prozent. Wären die Wachstumsraten zwischen 1980 bis in die Gegenwart genauso hoch gewesen wie in den Jahrzehnten davor, wäre der gesamte Wohlstand der Weltbevölkerung durchschnittlich um mehr als fünfzig Prozent höher, als er es heute ist! Und, wohlgemerkt: Hier sind nur die Effekte des verlangsamten Wachstums der Jahre 1980 bis 2007 eingerechnet, die Folgen der Finanzmarktkatastrophe sind noch nicht einmal sonderlich berücksichtigt. Ja, nicht einmal die Wachstumsrate des Welthandels (also nicht der gesamten Produktion, sondern allein des internationalen Warenaustausches) nahm zu: Zwischen 1979 und 1990 fiel die Wachstumsrate des Welthandels auf 3,9 Prozent zurück, während sie 1950 bis 1973 jährlich 7,1 Prozent betrug (zwar bewegte sich das Wachstum des Welthandels in den folgenden Jahren wieder in Richtung der früheren Werte, allerdings sind heute auch um einige Milliarden mehr Menschen in diese Wachstumsproduktion integriert).

Es ist also nicht so, dass jetzt eben die Chinesen, die Inder oder Brasilianer unseren Wohlstand haben, unsere guten Jobs etc. – nein, die guten Jobs sind gewissermaßen bei uns ausgewandert, aber nie woanders angekommen.

Unterstreichen wir also noch einmal: Es ist völlig unbestreitbar – und in der ökonomischen Zunft auch unbestritten –, dass es in den Jahren nach 1970 zu einem spürbaren Niedergang der kapitalistischen Dynamik gekommen ist, der die durchschnittlichen Wachstumsraten reduzierte und in manchen Großregionen den Kapitalismus schon nahe an die Schwelle zur Stagnation brachte. Umstrittener sind allerdings die Ursachen, die dafür angegeben werden.

Keynesianisch inspirierte Autoren wie Paul Krugman oder Joseph Stiglitz führen die Wende eher auf einen »externen Schock« zurück, nämlich auf den Anstieg der Ölpreise, der 1973 zur ersten schweren Krise der Nachkriegszeit geführt hat, aber eben als »externer Schock«

bezeichnet wird, weil er nicht wirklich strukturelle ökonomische Ursachen hatte. Zwar wären die Energiepreise in den kommenden Jahren vielleicht kontinuierlich gestiegen – worauf sich die Unternehmen aber hätten einstellen können –, doch der steile Preisanstieg war eindeutig von den großen Erdölproduzenten gewollt. Aufgrund der daraus folgenden ökonomischen Turbulenzen setzte sich fälschlicherweise der Eindruck durch, dass das keynesianische Arrangement nicht mehr funktionieren würde, weshalb die Politik von ihm Abstand nahm.

Es begannen harte Angriffe auf die Errungenschaften der Arbeiterbewegung, damit sich die Arbeitsplatzsicherheit und mit ihr die Löhne reduzieren, und auf die gestiegenen Kosten der Sozialsysteme durch höhere Arbeitslosigkeit reagierte man überall mit einem Rückbau des Sozialstaats. Der dadurch ausgelöste Rückgang der »aggregierten Nachfrage« (also der gesamten addierten Kaufkraft aller Wirtschaftssubjekte, der privaten Haushalte, der Unternehmen und des Staates) bewirkte wiederum eine Verschärfung der Krisentendenzen, was in einem weiteren Schritt neue kontraproduktive Anpassungen nach sich zog.

Die eher wirtschaftsliberal orientierten Autoren tragen gewissermaßen die exakt spiegelverkehrte Argumentationsreihe vor: dass das keynesianische Arrangement zu viel zu hohen Löhnen und zu geringer Flexibilität an den Arbeitsmärkten geführt habe und dass überhaupt die vielen staatlichen Regulierungen das segensreiche Wirken der Marktkräfte ausgeschaltet hätten, weshalb Deregulierungen und eine Entfesselung der Marktkräfte notwendig seien. Die Maßnahmen, die im Geiste dieser

Ideologie durchgesetzt wurden, die zu einer Stagnation und teilweise sogar zu einem Rückgang der Löhne geführt haben, zogen aber kein höheres Wachstum nach sich, sondern verschärften nur die Stagnationstendenzen, woraus aber die Anhänger dieser Theorien nicht etwa den Schluss zogen, dass die Keynesianer vielleicht doch recht hätten, sondern bloß anmerkten, dass eben noch nicht genug flexibilisiert sei, dass die Marktkräfte noch nicht ausreichend entfesselt, dass die Löhne noch nicht genug gesunken seien.

Verursachte der Neoliberalismus die Krise? Oder umgekehrt?

Andere Denkschulen, darunter marxistische Forscher oder einer Art keynesianisch-marxistisch inspiriertem Theoriemix anhängende Ökonomen, geben komplexere Antworten, die den Vorteil höherer intellektueller Konsistenz haben, aber auch den Nachteil, dass aus ihnen nicht so leicht Politikempfehlungen abzuleiten wären. Eine dieser Denkschulen ist von der wirtschaftsliberalen Sichtweise gar nicht so weit entfernt. Aus ihrer Perspektive hatte sich das keynesianische Arrangement für alle Seiten – für Unternehmer wie Arbeiter – so lange bewährt, wie es hohe Wachstumraten, hohe Produktivitätssteigerungen, ordentliche Lohnzuwächse und stabile Profitraten zugleich gab. Das war gewissermaßen die Win-win-Situation des Nachkriegsbooms, in der also alle Wirtschaftsakteure ausreichend profitierten, was sie bei der Stange hielt.

Als die Gesellschaften allerdings einen Zustand der

Vollbeschäftigung erreichten, konnten die Arbeiter und Angestellten hohe Lohnsteigerungen durchsetzen, die die Profite der Unternehmen schmälerten. Zudem führte dieser Zustand zugleich zur Abnahme des Wirtschaftswachstums sowie zu einem Anstieg der Inflationsraten, was die Ungewissheit für die Unternehmer noch einmal steigerte. Diese reagierten darauf mit einem halb bewussten, halb unbewussten Investitionsstreik. Bewusst, um einen Zustand höherer Arbeitslosigkeit herbeizuführen, der automatisch den Aufwärtsdruck der Löhne hemmt, wenn nicht sogar die Lohnforderungen der Beschäftigten reduziert (ein Arbeitsloser ist ja bekanntlich bis zu einem gewissen Grad bereit, den selben Job, den er früher machte, für weniger Geld zu erledigen.) Unbewusst, weil die geringeren Gewinn- und Wachstumsaussichten sowohl das verfügbare Kapital für Reinvestitionen reduzierten als auch die Investitionsvorhaben selbst als unrentabel erschienen ließen, weshalb logischerweise die Investitionen reduziert wurden.

Der marxistisch inspirierte Wirtschaftswissenschaftler Robert Brenner beispielsweise bietet noch eine andere Erklärung für das Ende des Nachkriegsbooms und die Wende zum sukzessiven Niedergang an, die den Vorteil hat, dass sie nicht auf primär halb- oder gar außerökonomische Faktoren (nämlich die Durchsetzungskraft einer Arbeiterklasse, die durch Vollbeschäftigung zu »übertriebenen« Lohnforderungen ermutigt wird) zurückgreifen muss, sondern die Tendenzen zum Niedergang aus dem systemischen ökonomischen Prozessieren der Wirtschaft selbst ableitet. Er entgegnet der Deutung, wonach höhere Löhne zu niedrigeren Profiten, niedrigerem Produktivitätswachstum und niedrigeren Wachstumsraten führen, mit Hinweis auf die Forschungen des berühmten Keynes-Schülers Michał Kalecki. Er führte aus, dass ein solches Arrangement ja nicht nur zu einem Aufwärtsdruck von Löhnen führt, sondern auch zu höherem Absatz sowie zu einer höheren Auslastung aller Produktionskapazitäten. Es zöge automatisch eine höhere Produktivität und Profitabilität der Produktionsanlagen nach sich, denn hohe Löhne wären ja in der Geschichte des Kapitalismus immer ein Anreiz gewesen, Arbeiter durch Maschinen zu ersetzen. Positive Auswirkungen auf den ökonomischen Fortschritt seien die logische Folge. Zwar könne man sich schon vorstellen, dass Lohnerhöhungen, die die Produktivitätszuwächse überschreiten, *kurzfristig* und *regional* die Profitabilität des Kapitalismus reduzieren, es sei aber sehr schwer vorstellbar, so Brenner und Kalecki, dass eine solche Tendenz andauernd und global wirken kann. Denn erstens sei dieser Tendenz doch der Stachel genommen, sobald es nennenswerte Arbeitslosigkeitsraten gibt, und zweitens könne das Kapital darauf ja mit Anpassungen reagieren, etwa mit der Verlagerung der Produktion in Billiglohnländer, was sofort einen Lohndruck nach unten zur Folge hätte. Die Konjunktive in diesen Sätzen könnten wir uns übrigens sparen, denn genau das wird ja seit Jahren schon gemacht. Es sei also kaum zu erkennen, schreibt Brenner, wie hohe Löhne und Vollbeschäftigung »zu einer langfristigen Reduktion der Profitraten beitragen könnten, die einen dauerhaften ökonomischen Niedergang nach sich ziehen würden«.

Für Brenner sind die Ursachen gänzlich andere beziehungsweise erheblich komplexer. Das Geheimnis des Nachkriegsbooms liegt für ihn darin, dass er in einem Kapitalismus (oder in unterschiedlichen Volkswirtschaften, die Terminologie ist Nebensache) stattfand, in dem es noch eine relativ rückständige technologische Ausstattung und relativ schlecht bezahlte Arbeiter und relativ hohe Profitraten zugleich gab. Wenn nun ein Unternehmen neue Produktionsmethoden und -anlagen einführt, die seine Profitabilität relativ zu der der anderen Unternehmen erhöht, wird es nicht immer höhere Extraprofite realisieren wollen, sondern möglicherweise auch die Preise senken, sich mit der bisherigen Profitrate (annähernd) zufriedengeben, um die anderen Unternehmen aus dem Markt zu drängen. Diese Unternehmen müssen die Preiskonkurrenz mitmachen und haben nun niedrigere Profite.

Natürlich könnten diese Unternehmen nun sofort auch die besseren Produktionsanlagen einführen, in der realen Welt werden sie das aber nicht tun, da sie ja möglicherweise erst vor wenigen Jahren die alten Maschinen eingeführt haben. Möglicherweise sind diese noch nicht einmal abbezahlt, sie müssten also die Kredite für diese Investitionen auch weiter bedienen, selbst wenn sie die Maschine auf den Schrottplatz bringen, oder sie sind schon abbezahlt, dann lohnt es sich für die Unternehmen vielleicht auch, sich einige Jahre mit niedrigeren Profiten zufriedenzugeben (da die neuen Maschinen ja auch Geld kosten würden).

Das bedeutet aber, dass es den neuen, produktiver arbeitenden Firmen nur gelingt, die durchschnittliche Profitrate zu halten, während die der nunmehr rückständigen Firmen sinkt, woraus logisch folgt, dass sich die Profitraten *im Durchschnitt* reduzieren. Die Profitraten »im Aggregat«, d. h. in allen beteiligten Firmen (des Sektors oder der einzelnen Volkswirtschaft oder des gesamten Kapitalismus), sinken also. Brenner wendet dieses Bild nicht nur auf konkurrierende Firmen eines Sektors einer Volkswirtschaft an, sondern projiziert es auf die großen Regionen der kapitalistischen Weltwirtschaft. Ähnliche Auswirkungen hätte beispielsweise der Aufholprozess der westeuropäischen Volkswirtschaften im Vergleich zur kapitalistischen Führungsmacht USA gehabt.

Die amerikanische Industrie war fortgeschrittener, hat also früher recht avancierte Betriebsanlagen eingesetzt, aber die Deutschen beispielsweise waren sehr gut darin, »die potenziellen Vorteile zu nützen, die darin liegen, ein Nachzügler zu sein«. Die Deutschen hätten sehr schnell die fortschrittlicheren Produktionsanlagen eingesetzt, während die Amerikaner die ihren nicht sofort ersetzten. Die Deutschen konnten das bisherige Profitniveau kassieren, während die Amerikaner sich mit niedrigeren industriellen Profitraten zufriedengeben mussten, was das allgemeine Profitniveau in der Industrie reduzierte.

Folgt man der Darstellung Brenners, ist das ein anderer, ganz erheblicher »Widerspruch« des Kapitalismus: Die Wettläufe und die Konkurrenz um Produktivitätsvorteile werden vom Versuch einzelner Firmen angetrieben, höhere Profite als die Rivalen zu erzielen, führten aber letztlich zur Reduktion der Profitraten.

Alles Weitere ergibt sich aus dieser Interpretation beinahe vollkommen logisch: Da sich bei niedrigeren Profitraten manche Investitionen nicht rentieren, wird weniger investiert, was wiederum den Produktivitätsfortschritt hemmt. Da Unternehmen, die weniger Profite realisieren, sich recht häufig auch die Investitionen nicht leisten können, sinkt das Investitionsniveau und der Produktivitätsfortschritt noch einmal. Das Wachstum reduziert sich, die Arbeitslosigkeit wächst. Die Kaufkraft hält nicht mehr mit dem potenziellen Output mit, das beim gegenwärtigen Produktivitätsniveau erreicht werden könnte – geschweige denn, dass es ein höheres Output, das durch produktivere Anlagen erzielbar wäre, absorbieren könnte. Der Kapitalismus schwenkt auf einen Pfad »säkularer Stagnation« ein, wie das Brenner bereits 1998 genannt hat. Ein prophetischer Begriff, der uns noch häufiger unterkommen wird.

Wenn ein solches Arrangement einmal in den Prozess des Niedergangs eingetreten ist, liegt nahe, dass es nicht mehr nachhaltig aufrechterhalten werden kann und alle Akteure hektisch versuchen, sich zu adaptieren.

So haben die USA versucht, sowohl durch höhere Staatsverschuldung die Wirtschaft anzukurbeln als auch durch eine Abwertung des Dollars gegenüber den konkurrierenden Währungen an »Wettbewerbsfähigkeit« zu gewinnen, da ja neben den Kosten – etwa für Personal, Rohstoffe, Maschinen etc. –, die eine Firma im Wesentlichen in ihrer Inlandswährung begleicht, sobald sie am Weltmarkt agiert, auch die relative Überbewertung dieser Inlandswährung ihre Konkurrenzfähigkeit senkt. (Wenn ein US-Unternehmen ein Auto für 30 000 Dollar auf den Markt wirft, ist dieses Auto für einen deutschen Käufer teurer, wenn 30 000 Dollar beispielsweise 25 000 Euro wert sind, als wenn sie nur 20 000 Euro wert sind.)

Mit diesen widersprüchlichen Politiken haben die USA das globale Wachstum stimuliert und reduziert zugleich: Wegen der Konjunkturprogramme wurden die europäischen und japanische Exporte in die Vereinigten Staaten stimuliert, durch die Währungspolitik wiederum gebremst.

Diese ohnehin schon recht paradoxen Prozesse zogen noch bizarrere Absurditäten nach sich. Um ihre Defizite zu finanzieren, benötigten die USA Geld, das sie sich beispielsweise von japanischen Sparern liehen, während mit den in den globalen Konsum gepumpten Geldern auch die japanischen Exporte in die USA anstiegen. »Es war schwierig, genau zu sagen, wer von wem mehr abhing – der amerikanische Finanzminister von japanischen Krediten oder die japanische Industrie von US-Konsumenten« (Brenner).

Wir müssen hier die komplexen Wechselwirkungen, die von internationalen Waren- und Kapitalströmen, von Leistungsbilanzüberschüssen und -defiziten usw. ausgehen, nicht im Detail diskutieren – es wird jetzt schon offensichtlich, dass all das natürlich die Geschäftsaussichten aller Unternehmen komplizierter machte, da es angesichts wachsender Instabilitäten für Unternehmen schwieriger wurde, die Zukunft auch nur grob zu kalkulieren. (Wie entwickeln sich Zinssätze? Wie entwickeln sich Währungsrelationen? Was werden mich im kommenden Jahr importierte Rohstoffe kosten? Wie teuer werden meine Waren kommendes Jahr in den USA oder sonst wo sein?). Eine zunehmend unsicherere Zukunft ist aber natürlich kein besonders hoher Anreiz zu investieren. Wenn Sie nicht genau wissen, ob Ihr Einkommen in den nächsten Jahren 40 000 oder

70 000 Euro betragen wird, werden Sie sich den Bau des Einfamilienhauses wahrscheinlich gründlicher überlegen, als wenn Sie von einem sicheren Einkommen von 65 000 Euro ausgehen können.

Es ist an dieser Stelle auch angebracht, ein paar kurze Überlegungen zur Frage des internationalen Handels anzustellen, da Brenners Analyse ja letztlich darauf hinausläuft, dass die wachsende internationale Konkurrenz die Profitaussichten für Unternehmen generell reduziert, also sowohl für die, die in der Konkurrenz eher die Nase vorn haben, als auch für die, die in der Konkurrenz den Kürzeren ziehen. Das widerspricht jedoch dem gängigen Mainstream der ökonomischen Analyse und auch dem, was wir täglich in den Leitartikeln der Wirtschaftspresse lesen. Hier wird uns doch immer eingebläut, dass mehr Handel generell das Wachstum hebt und dass alle davon profitieren.

Letztendlich geht dieses Vorurteil auf die klassischen ökonomischen Untersuchungen von David Ricardo zurück, der gemeinsam mit Adam Smith so etwas wie der Gründervater der modernen Volkswirtschaftslehre war. Ricardo und Smith haben die zu ihren Zeiten verbreitete Angst, dass der britische Wohlstand gefährdet sei, wenn auch die Franzosen zu Wohlstand kämen, aus der Welt geschafft, indem sie bewiesen, dass der Wohlstand der Franzosen den der Briten nicht nur nicht gefährden, sondern sogar steigern würde, da der Kapitalismus eben kein Nullsummenspiel ist, bei dem einer verliert und der andere gewinnt, sondern ein Spiel, bei dem möglicherweise am Ende beide mehr haben.

Ricardo entwickelte nun das Modell der komparativen Kostenvorteile, das in etwa so ging: Er erörterte die

Frage, was denn passiere, wenn England etwa Baumwollproduktion und Marmeladenproduktion betreibe und Frankreich auch, und wenn England sowohl in der Baumwollproduktion Kostenvorteile besäße als auch in der Marmeladenproduktion, wobei allerdings die Vorteile der Baumwollproduktion größer seien. Ricardo wies nun nach, dass in einem solchen Fall beide Modellvolkswirtschaften, die nur zwei Güter produzieren, einen Vorteil davon haben, wenn sich England auf die Baumwollproduktion und Frankreich auf die Marmelade konzentrieren würde. Beide könnten dann ihre Vorteile verfeinern (bzw. Frankreich seine Nachteile bei der Marmelade eher verringern, als es das ansonsten könnte). Aus diesem Modell wurde geschlossen, dass alle Länder einen Vorteil davon haben, wenn sie miteinander am Weltmarkt Handel betreiben. Und das ist auch richtig.

Allerdings muss man dazu zwei Einschränkungen machen: In einer modernen kapitalistischen Ökonomie gibt es eine solche Form der Spezialisierung nicht unbedingt mehr – jedes entwickelte Land produziert alles, und zwar oft sogar in der gleichen Güteklasse. Also: Nicht nur produzieren sowohl Deutschland als auch Japan Autos, sie produzieren auch nicht nur in unterschiedlichen Typenklassen (sagen wir: teure, gut verarbeitete Mercedes und billige Suzuki-Autos), nein, sie produzieren auch sehr vergleichbare Typen, etwa Opel und Toyota. Toyota werden nach Deutschland verschifft, dafür Opel nach Japan.

In einem solchen Fall funktioniert die Theorie von den komparativen Kostenvorteilen nicht mehr vollends. Dann können Opel und Toyota nämlich in einen Konkurrenzkampf geraten, der beiden schadet und nicht nützt. Oder *auch* schadet und *nicht nur* nützt. Zudem ist die Formulierung, »Deutschland« oder »die USA« würden vom Welthandel profitieren, ohnehin von einer aufreizend generösen Allgemeinheit – denn selbst wenn das der Fall ist, führt das dennoch dazu, dass es in Deutschland Gewinner und Verlierer gibt und in den USA ebenfalls. Die Formulierung, dass alle profitieren, stimmt auch im gröbsten Modell nur für die volkswirtschaftliche Gesamtrechnung, die aber dem einzelnen Bürger, der verliert, in der Regel wenig hilft.

»Das beschleunigte Wachstum des Welthandels in den frühen sechziger Jahren«, schreibt Robert Brenner daher, »hatte einen doppelten Effekt auf die ökonomische Entwicklung der fortgeschrittenen kapitalistischen Volkswirtschaften. Auf der einen Seite bedeutete dies einen zusätzlichen Impuls für Wirtschaftswachstum. Auf der anderen Seite führte ein solch rapides Wachstum des Welthandels dazu, dass neue Produzenten, praktisch ohne Vorwarnung, mit ihrem Warenangebot auf bisherige Binnenmärkte traten«, was nicht ohne Verwerfungen über die Bühne gehen konnte und eben Profite, Investitionen, Produktivitätswachstum und schlussendlich Wirtschaftswachstum reduzierte.

Der Aufstieg des Finanzkapitalismus

Der Charme von Brenners Analyse liegt also darin, dass sie das Ende des Nachkriegsbooms und den Beginn des langsamen Abstiegs aus endogenen Tendenzen, also logischen inneren Dynamiken des Kapitalismus, und sehr wirklichkeitsnahen Interpretationen von Geschäftsentscheidungen der einzelnen Unternehmen erklärt. Und damit liegt der Schluss nahe: Wenn sie auch nur grob stimmen, dann lassen sich die Krisentendenzen nicht einfach durch eine andere Politik aus der Welt schaffen, weil ein entwickelter Kapitalismus sowohl aus technologischen als auch ökonomischen Gründen an Grenzen stößt, die hohe Wachstumsraten und Produktivitätszuwächse nicht mehr zulassen. Dann sind viele der Phänomene, die wir schon angedeutet haben (und die etwa für den Mainstream der Keynesianer im Vordergrund stehen), nicht die Ursache der Krise, sondern nur ihre Folgen, die sich dann auch gut in die Krisenanalyse integrieren lassen.

»In diesem Klima der geringen industriellen Profitabilität zog verfügbares Kapital eine leichtfüßige spekulative Karriere immer häufiger der bodenständigeren Investition im verarbeitetenden Gewerbe vor. Und so kam es zu einer Finanzialisierung der Weltwirtschaft, die mehr Volatilität als Wachstum mit sich brachte«, schreibt der amerikanische Bestsellerautor Benjamin Kunkel. Gewinnträchtige Investitionsmöglichkeiten in der Realproduktion werden seltener, und Brenner erklärt plausibel, warum das so ist. In einer solchen Situation, in der man sich als Investor zu entscheiden hat, ob man in den langfristigen und unwägbaren Aufbau von Produktionskapazitäten investiert, die einem hinterher im Glücksfall vier oder fünf Prozent an Return-of-Investment bringen, oder ob man sein Geld eher mühelos am Finanzmarkt anlegt, der einem während des Booms sieben oder mehr Prozent an Renditen verspricht, ist völlig klar, dass sich die Finanzmärkte aufblasen und die Finanzinstitutionen zu den bestimmenden Playern des globalen Kapitalismus werden.

Da die Unternehmen der Realproduktion natürlich von den Finanzinstitutionen abhängen, gewinnen Letztere zunehmend die Macht über Erstere und können ihnen die Bedingungen diktieren, was dann wiederum zu einem Transfer der Profite von der Realproduktion zur Finanzwirtschaft führt. Vor der Krise hat die Finanzbranche in den USA bereits 40 Prozent aller Unternehmensprofite auf sich vereint. Das Aufblähen der Finanzmärkte wiederum begünstigt jene endemischen Instabilitäten, die wir anhand von Hyman Minskys Forschungen im vorigen Kapitel analysiert haben.

Es gibt in einer solchen Situation keine allzu guten Auswege mehr, meint Brenner und verweist auf die blinden Flecken sowohl des keynesianischen als auch des neoliberalen Arrangements. Während der Keynesianismus durch Staatsausgaben die »aggregierte Nachfrage« hochhalten will, versucht der Neoliberalismus sie durch Austeritätspolitik zu reduzieren. Beide haben aber problematische Auswirkungen, wenn das Problem des Kapitals eigentlich sinkende Profitraten sind: Der Keynesianismus hält auch schwache Firmen am Leben, was das Produktivitätswachstum hemmt, hat aber auch den positiven Nebeneffekt, dass in der recht rosigen Nachfragesituation, die er schafft, ein »positives Umfeld für die notwendigerweise riskanten und teuren Eintritte in neue Branchen und Produktionsfelder« (Brenner) entsteht – dass also neue, innovative Firmen eine Chance zum Entstehen haben; der Neoliberalismus wiederum erzwingt zwar den Untergang schwacher Firmen, schafft aber ein schlechtes Umfeld für den Aufstieg innovativer Firmen.

Jede dieser Antworten fällt sich gewissermaßen selbst ins Wort, das heißt, jede Maßnahme, die gesetzt wird, konterkariert die Bedingungen, die notwendig wären, damit sie positive Wirkungen entfalten könnte – schon wieder so ein »Widerspruch«, für den keine leichte Lösung in Sicht ist. Ein Problem zieht eine scheinbare Lösung nach sich, die selbst wieder zum Problem wird. Genau aus diesen Gründen hat auch der Kapitalexport in Billiglohnländer keine nachhaltige Erholung gebracht: »Die weltweite Bewegung in Richtung niedrigerer Produktionskosten und niedrigerer Lohnkosten in den jeweiligen spätest-entwickelten Ländern führte nur zur Intensivierung des Ausgangsproblems« (Brenner).

»Seit den Hochzeiten von Reaganismus und Thatcherismus Ende der 1970er Jahre hat das Kapital seine Dominanz ganz entschieden ausgebaut, besonders in den USA. Lohnzuwächse wurden sehr effektiv unterdrückt. Fiskalische Austerität (wurde durchgesetzt). Die Reichen haben von vielen Runden der Steuerreduktion profitiert. Industrie nach Industrie wurden dereguliert und die Gewerkschaften geschwächt. Der globale Kapitalfluss wurde zunehmend von Fesseln befreit, sodass multinationale Unternehmen und Banken die Welt besser nach den profitabelsten Orten für ihre Aktivitäten absuchen konnten. Das Finanzsystem wurde entfesselt, sodass immer barockere Wege gefunden werden konnten, aus Geld mehr Geld zu machen. (...) Und trotz all dessen laufen die Dinge nicht gerade gut für die kapitalistische Weltwirtschaft. Mehr noch – ironischerweise gibt es einen engen Zusammenhang zwischen dem Ausmaß, in dem das Kapital von Regeln befreit wurde, und der Geschwindigkeit, in der die Leistungsfähigkeit der führenden kapitalistischen Volkswirtschaften nach unten ging«, lautet Brenners Resümee. Die Kapitalbesitzer hätten zwar gesiegt, aber es sei ein »Pyrrhussieg des Kapitals« gewesen. Die Unternehmen haben von der Unterdrückung von Lohnsteigerungen und vom Sparkurs bei den Wohlfahrtssystemen profitiert, »aber das, was sie auf dieser Seite gewonnen haben, verloren sie auf der anderen Seite durch weniger Aufträge, weniger Beschäftigung, durch die geringere Kapitalauslastung, durch die sinkenden Einnahmen aus Verkäufen«.

Die kapitalistische Dynamik bricht ab

Eine Ökonomie, die auf einen solchen Pfad geraten ist, hat nun allerdings ein großes Problem: Die Löhne in den allermeisten Sektoren der Volkswirtschaft stagnieren, wachsen nur mehr langsam oder gehen sogar zurück. Die Produktionskapazitäten sind nicht ausgelastet, weshalb man die Krisenphänomene, die sich in einer solchen Situation zeigen, auch als Phänomene einer »Unterkonsumtionskrise« charakterisieren kann. Um die Kaufkraft noch einigermaßen mit dem potenziellen Output in Einklang zu bringen, wird die Verschuldung der Konsumenten gleichsam in die Höhe getrieben. Menschen, die weniger einnehmen, als sie konsumieren wollen, sind mit jenen, die mehr an Vermögen haben, als sie ausgeben können, durch die Finanzmärkte verbunden, beschreibt James K. Galbraith in seiner Studie »Ungleichheit und Instabilität« – und zwar durch ein Schuldner-und-Gläubiger-Verhältnis. So wurde durch die horrende Verschuldung der amerikanischen Haushalte in den vergangenen Jahrzehnten auf künstliche Weise das Nachfrageniveau aufrechterhalten, das es bis 2007 erlaubte, dass die USA der Motor der Weltwirtschaft blieben. Der britische Sozialhistoriker Colin Crouch nennt dieses Muster sarkastisch einen »privatisierten Keynesianismus«. Privatisiert deshalb, weil nicht primär die Staaten durch Deficit Spending – also durch schuldenfinanzierte Konjunkturprogramme – die Wirtschaft am Laufen gehalten haben, sondern private Haushalte durch Verschuldung. Dieser Möglichkeit ist nun durch die Überschuldung vieler amerikanischer Haushalte ein Riegel vorgeschoben.

Natürlich, dieser eigentümliche Keynesianismus war nicht nur privatisiert, die chronische Unterfinanzierung und damit die Defizitpolitik der westeuropäischen Wohlfahrtsstaaten hatte einen vergleichbaren Effekt. Jedenfalls hat ein solches Arrangement eine Reihe von Nachteilen: Wachsende Verschuldungspositionen stehen auf den Finanzmärkten wachsenden Vermögenspositionen gegenüber, während die Wirtschaftsleistung selbst stagniert oder nur mehr langsam wächst. Um überhaupt noch Wachstum zu gewährleisten, müssen die Vermögenspositionen auf den Finanzmärkten weiterwachsen, da ja die privaten Haushalte wie die Unternehmen ihre »Vermögen« (z. B. den fiktiven Buchwert ihrer Häuser, aber auch Wertpapiere) als Sicherheiten für neue Kredite einsetzen müssen, was nur so lange funktioniert, solange die Vermögenswerte steigen. Ohne diese vielfältigen fiktiven »Reichtumseffekte« (wenn Ihr Haus im Wert steigt, sind Sie ja nur buchhalterisch »reicher«, solange Sie es nicht verkaufen) wäre das Wachstum des BIP überall in der kapitalistischen Welt in den 1990er und 2000er Jahren noch viel geringer ausgefallen, als es ohnehin ausfiel, die Arbeitslosigkeit wäre überall sehr viel höher gewesen.

Diese »Finanzialisierung« des globalen Kapitalismus allein ist eine immense Quelle der Instabilität. Die Ungleichheitsschere geht noch einmal auf, da ja die Schuldner, die ohnehin zu geringe Einnahmen haben, um ihr Konsumniveau zu halten, den Gläubigern nicht nur die Kredite zurückzahlen, sondern auch noch monatliche Zinsen überweisen müssen. Mit dem Wachstum der Ungleichheit gerät das Nachfrageniveau aber noch einmal zusätzlich unter Druck. Ein Teufelskreis.

Es ist völlig klar, dass ein System, das sich aus seiner inneren Dynamik heraus zu einem solchen Arrangement entwickelt hat, seine besten Zeiten hinter sich hat. Ob es in einer Abwärtsspirale des Niedergangs gefangen ist oder ob es vor seiner eigenen Tendenz zur Selbstzerstörung gerettet werden kann, das wollen wir im nächsten Kapitel ergründen.

4. KAPITEL
Wachsende Ungleichheit – ein Symptom für Systemversagen

Eine »intellektuelle Sensation« sei das, jubelte die »New York Times«, und auch Martin Wolf, der Starkommentator der »Financial Times«, gab sich ergriffen: »außerordentlich wichtig«, schrieb er, sei dieses Buch. Paul Krugman, der linke keynesianische Wirtschaftsnobelpreisträger, nannte die Arbeit »eine Erleuchtung« und sprach von der »Piketty-Revolution«. Dieses Buch werde »die Art, wie wir über unsere Gesellschaft denken, und die Wirtschaftswissenschaft verändern«. Und der linke Essayist Will Hutton sekundierte im »Guardian«: »Man muss in die 1970er zu Milton Friedman zurückgehen, um einen Wirtschaftswissenschaftler zu finden, der einen solchen Einfluss ausübte.« Für die »Frankfurter Allgemeine Zeitung« ist Piketty schlicht »der neue Star«. Der amerikanische Finanzminister hat das Buch auch studiert, und der Papst, war im Frühjahr 2014 zu hören, lese es gerade.

Dabei ließ sich die sensationslüsterne Rezeption, die Thomas Pikettys »Kapital im 21. Jahrhundert« erfuhr, mit der Originalität der monumentalen Studie auf den ersten Blick gar nicht erklären. Schließlich weist das 700-Seiten-Buch, das man am ehesten als wirtschaftshistorische Großstudie charakterisieren kann, bloß nach: Vermögen konzentriert sich. In nahezu allen entwickelten kapitalistischen Ländern besitzen die obersten zehn Prozent heute wieder mehr als sechzig Prozent aller Vermögen – und das oberste eine Prozent konzentriert seinerseits allein über dreißig Prozent. Die Mittelschicht erodiert. Und die untere Hälfte besitzt nichts. Das wusste man freilich schon vor Pikettys Wälzer.

Was das Buch so speziell macht, ist die ungeheure empirische Materialfülle, das Zwingende seiner Beweisführung, aber vor allem sein Nachweis, dass das im Kapitalismus unter normalen Bedingungen einfach so sein muss: Wenn es nicht überdurchschnittlich hohes Wachstum, hohe Besteuerung von Kapital und dessen Erträgen und sonstige außergewöhnliche Faktoren gibt, dann ist die Kapitalrendite *immer* größer als die Wachstumsrate und damit der Zuwachs bei Löhnen, Gehältern und sonstigen »normalen« Einkommensarten. Aufstieg durch Arbeit? Gibts allenfalls in homöopathischen Dosen. In der Realität scheißt der Teufel immer auf den größten Haufen. Piketty zeigt, »dass der Kapitalismus von sich aus keine natürlichen Regelmäßigkeiten aufweist, die Ungleichheit begrenzen. Wohl aber kann sie ständig zunehmen«, formuliert sein Ökonomen-Kollege Giacomo Corneo.

Piketty studiert die Entwicklung der gesellschaftlichen Ungleichheit aus historischer Perspektive. Zunächst und vor allem ist das Buch empirisch: Piketty stützt sich auf eine grandiose Fülle an Datenmaterial, das Zensuserhebungen, Steuerdaten, die Entwicklung des Kapitalstocks ebenso wie die Löhne und Gehälter in einer Fülle von Staaten in den vergangenen 200 Jahren umfasst. Er kommt zu einer Reihe von Ergebnissen, die so neu nicht sind: Die Reichen werden reicher, die anderen werden es nicht. Rund ein Drittel des Reichtums in den entwickelten Industriestaaten wird vom obersten einen Prozent kontrolliert, ein weiteres Drittel besitzen die Top 2 bis Top 10, sodass die obersten zehn Prozent (die »upper class«) rund zwei Drittel aller Vermögenswerte besitzen. Die untersten fünfzig Prozent besitzen praktisch nichts, und das restliche Drittel teilt sich die »Mittelklasse«, also grob gesprochen das 11. bis 49. Prozent. Eine erhebliche Reichtumskonzentration – Tendenz steigend.

Nicht sehr viel besser sieht es bei den Einkommen aus: Das Top-1-Prozent realisiert einen wachsenden Teil der Einkommen, bei den Top 2 bis Top 10 gibt es auch noch teils erhebliche Zuwächse, der Rest hat allenfalls noch flache Realeinkommensgewinne, die allermeisten aber Stagnation oder sogar Realeinkommensverluste.

Piketty zeigt nun aber, indem er den historischen Fokus auf die vergangenen 200 Jahre legt, dass das immer schon so oder teilweise noch schlimmer war: Vermögen war immer konzentriert, und diese Konzentration tendierte immer zur Verstärkung der Konzentration. Im gesamten 19. Jahrhundert konzentrierten sich Reichtümer mehr und mehr, sodass am Ende die obersten zehn Prozent rund neunzig Prozent des Kapitals kontrollierten. Für die restlichen neunzig Prozent der Bevölkerung war praktisch nichts übrig geblieben.

Nur in zwei kurzen historischen Momenten, nach dem Ersten und nach dem Zweiten Weltkrieg, gelang es, diese Tendenz zu korrigieren, wofür vor allem vier Gründe ausschlaggebend waren: erstens die Vernichtung von Kapital durch Krieg, Chaos, Enteignung und Inflation, zweitens progressive Besteuerung von hohen Vermögen und hohen Einkommen mit de facto zeitweise konfiskatorischen Steuersätzen, drittens überdurchschnittliche Wachstumsraten und viertens starke Gewerkschaften. Die letzteren Faktoren führten zu einer Mittelschicht in relativem Wohlstand, die selbst Vermögen aufbauen konnte, jener doch recht breiten Schicht, die immerhin je nach Zeit und Ort zwanzig bis dreißig Prozent aller Vermögenswerte besitzt.

Jenseits dieser außergewöhnlichen historischen Phasen tendiert aber der Kapitalismus dazu, Vermögen zu konzentrieren, eine Oligarchie entstehen zu lassen, die ihr Einkommen nicht erarbeitet und schon gar nicht »verdient«, sondern als Kapitalrendite einstreicht und mehr und mehr ererbt. Pikettys historische Daten beweisen das empirisch, doch an dieser Stelle unterlegt der Wissenschaftler seine Empirie mit einer Theorie, mit Modellen und Formeln.

Pikettys wichtigste Formel lautet: $r > g$. Soll heißen: Die Rendite auf Kapital ist größer als das Wirtschaftswachstum. Die durchschnittliche Rendite auf alle Kapitalarten, vom kleinen Sparbuch über Landbesitz, Mieterlösen aus Immobilienbesitz über Staatsanleihen, von Aktienbesitz bis Unternehmensbesitz, ist über die Jahrhunderte erstaunlich stabil und beträgt vier bis fünf Prozent. Man beachte: Es handelt sich um einen Durchschnittswert, denn, wie wir wissen, Zinsen auf Spareinlagen liegen oft nur bei zwei Prozent oder sogar weniger, Unternehmensprofite oft durchaus bei zehn Prozent oder höher.

Daraus folgt: Je niedriger das Wachstum, desto höher ist die Differenz zwischen r und g, und desto mehr wächst der Anteil des Kapitals am Nationaleinkommen.

Auf dem Weg zu diesen sehr simpel anmutenden Zusammenhängen zeigt uns Piketty eine Reihe erstaunlicher wirtschaftshistorischer Begebenheiten, die dem, was man »conventional wisdom« nennen könnte, widersprechen. So neigen wir dazu, Wirtschaftswachstum zu überschätzen. Tatsächlich beträgt die Wachstumsrate pro Kopf – also das »wirkliche Wachstum« durch Produktivitätsgewinne und technologischen Fortschritt und Ausweitung der Produktion – selten mehr als ein Prozent pro Jahr in den vergangenen 200 Jahre, und meist erheblich weniger – 0,5 oder 0,6 Prozent. »Wachstum war in der Realität immer relativ langsam«, schreibt Piketty. Nur in den Jahren nach 1950 war es signifikant höher. In der Vergangenheit verdankt sich – grob gesagt – die Hälfte der Wachstumsraten dem Bevölkerungswachstum. Was ja auch leicht verständlich ist: Elf Leute produzieren mehr als zehn, da braucht es noch keinen technologischen Fortschritt.

Im Übrigen hat ein hohes Bevölkerungswachstum eine doppelt egalitäre Wirkung: Es führt nicht nur zu höherem Wirtschaftswachstum, sondern bremst auch die Reichtumskonzentration, da ja in Gesellschaften, in denen drei oder mehr Kinder die Regel sind, sich auch die großen Vermögen auf mehrere Erben verteilen und damit in jeder Generation der Konzentrationsprozess mit jedem Todesfall unterbrochen wird, jedenfalls sofern es Finanzvermögen betrifft, die, anders als Anlagevermögen, in der Praxis ja auf alle Kinder einigermaßen gleichmäßig verteilt werden.

In den entwickelten kapitalistischen Gesellschaften ist es nun so, dass die hohen Produktivitätszuwächse der 1950er und 1960er Jahre nicht mehr erzielt werden können und der demographische Faktor überhaupt nichts mehr zum Wachstum beiträgt. Kurzum: Wir sind in einem Slow-Growth-Regime, also in einem sozio-ökonomischen Zustand, in dem man sich schon über Wachstumsraten von über einem Prozent freuen muss.

Reichtum konzentriert sich – (fast) ein Naturgesetz des Kapitalismus

Auf der theoretischen Seite des Piketty'schen Modells liest sich die ganze Sache so: Wenn die Kapitalrendite deutlich über der Wachstumsrate liegt, was sie in den meisten Phasen der Wirtschaftgeschichte tat und in Zukunft schon aus demographischen Gründen verstärkt tun wird, dann wird das Verhältnis der akkumulierten Vermögen im Vergleich zu den laufenden Einkommen immer größer. Simpel formuliert: Wenn alle Einkommen einer Volkswirtschaft eine Milliarde Euro betragen und die Summe aller akkumulierten Reichtümer (des Kapitals) vier Milliarden dann ist die »Kapital/Einkommens-Rate« 400 Prozent. Und sie wächst und wächst, weil dem Kapital immer mehr hinzugefügt wird als den laufenden Einkommen – was logischerweise aus r > g folgt. Woraus aber logischerweise ebenso folgt, dass der Anteil der Kapitaleinkommen am gesamten Einkommen einer Ökonomie stetig steigt.

Als Theorie, mit Formeln und mathematischen Modellen unterlegt, mutet Pikettys Analyse beinahe »deterministisch« an und erinnert sogar ein wenig an Karl Marx' »Verelendungstheorie«, jedenfalls in der Variante der »relativen Verelendung«, die besagt, dass die normalen Lohnabhängigen, mögen auch ein paar Krümel des Wachstums für sie abfallen, relativ zu den Besitzern von Kapital ärmer und ärmer werden. Und tatsächlich ist das auch so. Bloß, Pikettys Theorie ist keine »theoretische Theorie«, sie ist eine »empirische Theorie«, sie formuliert keine ehernen ökonomischen Gesetze, sondern allenfalls beobachtete Gesetzmäßigkeiten. Es gäbe natürlich keinerlei »tiefere Gründe«, warum die Kapitalrendite höher sein müsse als die Wachstumsrate, schreibt Piketty. Dass $r > g$ ist, ist »ein historischer Fakt, keine logische Notwendigkeit«.

Das Grandiose von Pikettys Buch kann eine schnelle Zusammenfassung seiner Grundthesen unmöglich einfangen. Was dieses Buch zu einem großen Buch macht, ist die Fülle der Daten über die Dynamik der Ungleichheit, die nüchterne und zugleich geistreiche Diskussion des Autors über die Ursachen mancher Erscheinungen (etwa die Gründe für die Einkommensexplosion der Top-1-Prozent der Gehaltsbezieher, also der Aufstieg der »Supermanager« mit ihren Phantasiegehältern und Millionenboni), soziologische und philosophische Erörterungen über Steuern etwa und Pikettys Fähigkeit, die historischen Veränderungen durch Verweis auf Literatur oder Populärkultur zu untermauern: Das Buch besteht nicht nur aus Kurven und Daten, sondern auch aus ausführlichen Beschreibungen von Balzac-Romanen und Hollywood-Filmen.

Die Conclusio von Pikettys monumentaler Studie ist klar: Wir haben eine Reichtumskonzentration, wie wir sie seit Beginn des 20. Jahrhunderts nicht mehr hatten, und dieser Prozess verstärkt sich selbst. In den nächsten Jahrzehnten werden mehr und mehr Erben in den Besitz großer Vermögen kommen. Schon jetzt ist das meritokratische Ideal (wer viel verdient oder besitzt, soll das auf irgendeine Weise auch »verdienen«) längst nur mehr eine Phantasie, aber mit der nächsten Erbengeneration wird es endgültig absurd. Noch haben wir auch nicht jene bizarre Konzentration der Reichtümer, wie um das Jahr 1900, noch gibt es zumindest eine schmale Mittelschicht, die ebenfalls Vermögen besitzt (das war ja die große Revolution des 20. Jahrhunderts), aber die Dynamik geht in Richtung einer neuen Oligarchie. Die Nachkriegsjahre, in denen die westlichen Kapitalismen allesamt egalitärer wurden, die Ungleichheit also abnahm, erscheinen im großen historischen Rückblick als das, was sie sind: ein Wimpernschlag der Geschichte.

Wirtschaftstheoretisch kann man gegen Piketty natürlich einiges einwenden: etwa, dass er »Kapital« und »Reichtum« gleichsetzt, wohingegen seit Marx der Begriff Kapital jenen Einsatz von Geldressourcen meint, der tatsächlich die Produktion neuer Reichtümer mobilisiert, etwa indem es in Produktionsfaktoren wie Maschinen oder Arbeit investiert wird. Geldvermögen ist in diesem Sinne nicht automatisch Kapital, und viele andere Reichtümer sind es schon gar nicht – die Luxusvilla, die Yacht, all das ist Vermögen, das sich konzentrieren kann, aber deswegen noch lange nicht »Kapital«. Diese Einwände sind nicht gerade Nebensächlichkeiten, aber für das spezielle Thema dieses Kapitels, nämlich die wachsenden Ungleichheiten, nicht besonders relevant.

Nun stellt sich, wie bei allen Phänomenen, die wir im Kontext unserer Untersuchung in den Blick nehmen, zunächst einmal die Frage: Ist dieser Prozess der wachsenden Ungleichheit primär eine Folge falscher Politik, oder gibt es einen endogenen säkularen Trend des Kapitalismus zu wachsender Ungleichheit? Piketty lässt diese Frage letztlich auf eigentümliche Weise offen, da er einerseits seine Formel r>g wie ein Naturgesetz formuliert und andererseits einschränkt, dies sei keine »logische Notwendigkeit«.

Wenn wir nun Pikettys *»untheoretische Theorie«* in das Gesamtpanorama einfügen, das sich uns in den bisherigen Kapiteln entfaltet hat, dann ergibt sich ein durchaus schlüssiges Bild, das jedenfalls wenig Hoffnung auf eine langfristige Stabilisierung des kapitalistischen Wirtschaftssystems macht. Die endogenen Tendenzen des fortgeschrittenen globalen Kapitalismus zur Reduktion der Profite im industriellen Sektor und den anderen realwirtschaftlichen Sektoren führen zu einer Reduktion von Investitionen und daher zu einer Abnahme des Produktivitätswachstums.

Hinzu kommt noch das Ende der »demographischen Dividende«, was heißt: das Bevölkerungswachstum trägt überhaupt nicht mehr zum Wirtschaftswachstum bei, da es kaum mehr ein Wachstum der erwerbsfähigen Bevölkerung gibt (und auch, wenn es bisher noch gelang, etwa durch die Hebung der Erwerbsquote bei den Frauen, diesen Prozess zu verlangsamen, ist natürlich absehbar, dass diese Möglichkeiten, gegenzusteuern, in der Zukunft sehr begrenzt sind, etwa wenn die Frauenerwerbsquote endgültig die der Männer erreicht). Durch diese Prozesse, die das Wachstum weiterreduzieren, bleibt die Kapitalrendite selbst dann über der durchschnittlichen Wachstumsrate, wenn diese Kapitalrendite fällt. Oder, um es mit Pikettys Begrifflichkeiten zu sagen: r bleibt dauerhaft höher als g.

Dieser Sachverhalt sowie der Umstand, dass durch Anlage an den Finanzmärkten – zumindest kurzfristig und scheinbar – höhere Renditeaussichten winken als in der Realproduktion, drängt immer mehr anlagesuchendes Kapital auf die Finanzmärkte, was aufgrund des ebenso empirisch nachweisbaren und praktisch leicht erklärbaren Umstandes, dass große Finanzvermögen im spekulativen Sektor in aller Regel eine höhere Rendite zustande bekommen als kleinere Finanzvermögen, abermals die Tendenz zur Ungleichverteilung bestärken muss (und, erinnern wir uns an Minsky: auch die Tendenz zur allgemeinen Instabilität).

Das geringe Wachstum in den realwirtschaftlichen Sektoren, das notgedrungen zu Arbeitslosigkeit führt, reduziert wiederum die Macht normaler Arbeitnehmer, noch irgendwelche nennenswerten Lohnzuwächse durchzusetzen, während die Fat Cats in den Vorstandsetagen genauso wie die Gambler in der Finanzindustrie ihre Einkommen quasi selbst bestimmen können, sich also üppige Gehaltszuwächse genehmigen, was in weiterer Folge dazu führt, dass der wachsenden Ungleichverteilung bei den Vermögen eine wachsende Ungleichverteilung bei den Lohn- und Gehaltseinkommen auf den Fuß folgt.

Aus all diesen Gründen formuliert daher das Forscherteam um James K. Galbraith von der Lyndon B. Johnson School of Public Affairs der Universtität Texas, dass sich die beobachtbare Ungleichheitstendenz in den vergangenen dreißig Jahren nur zu einem sehr geringen Maße aus realwirtschaftlichen Faktoren erklären lässt, wohingegen sich feststellen ließe: »Die Unterschiede zwischen dem Finanzsektor und den anderen Quellen des Einkommens sind die primäre Quelle der wachsenden Ungleichheiten.«

Trägt Ungleichheit zu niedrigem Wachstum bei?

Selbst staatliche Ausgabenprogramme, die beispielsweise darauf abzielen, Beschäftigung und damit auch Löhne zu stabilisieren, den Sozialstaat zu finanzieren oder Investitionen vorzunehmen, können ihrerseits wiederum zu wachsenden Ungleichheiten beitragen – nämlich dann, wenn sie nicht durch Reichensteuern, sondern durch Schulden finanziert sind. Dazu nur eine besonders sprechende Zahl: Bereits und allein in den Jahren 1974 bis 1979 ist die Zinslast des US-Budgets (also derjenige Teil des Staatshaushaltes, der für Zinszahlungen für die Staatsschuld aufgebracht werden musste) von sieben auf 13,4 Prozent gestiegen. Zugleich waren achtzig Prozent der Staatsanleihen von den reichsten, obersten zehn Prozent der Amerikaner gehalten. Das heißt: Diese reichsten zehn Prozent erhielten immer höhere Anteile aus dem Staatshaushalt überwiesen, was letztendlich vom Gros der normalen amerikanischen Steuerzahler finanziert wurde – eine klassische Umverteilung von unten nach oben.

Die wachsenden Ungleichheiten führen nun ihrerseits zu einem geringeren Wachstum, da die Kaufkraft der »normalen« Leute weiter sinkt, während die wachsende Oberschicht an Reichen und Superreichen ihre Gewinne vor allem spart, was in einer kapitalistischen Kreislaufökonomie logischerweise heißt: sie wiederum an den Finanzmärkten anlegen will. Das Gesamtbild, das sich uns bietet, ist also schon an diesem Punkt logisch kohärent und stimmt auch mit allen empirisch beobachtbaren Phänomenen überein, sodass allzu optimistische Aussichten hinsichtlich der künftigen Prosperität und Stabilität des Kapitalismus nicht gerade naheliegend sind.

Allerdings ist eine große Einschränkung zu machen: All diese Piketty'schen Gesetze gelten natürlich nur vor Steuern. Nun zeigt Piketty allerdings auch, dass eine Bremse der Reichtumskonzentration – oder gar deren Verringerung –, kaum durch homöopathische Vermögenssteuern und leichte Progression von Steuersystemen erreicht werden kann (wenngleich auch das schon ein Fortschritt wäre, da die Steuerrealität in den höchsten Einkommensbereichen längst nicht mehr progressiv, sondern degressiv ist – soll heißen: Während die realen Steuer- und Abgabensätze auf mittelhohe Einkommen oft fünfzig Prozent oder mehr betragen, nehmen sie im Spitzensegment auf rund 30 bis 35 Prozent ab).

Die Entstehung einer Oligarchie, so viel ist für Piketty klar, wird sich nur durch zwei Dinge eindämmen lassen. Erstens: Progressive Einkommenssteuern, die für exorbitante Einkommen de facto konfiskatorisch sein müssen – also jene achtzig bis neunzig Prozent Steuersatz für Jahreseinkommen über beispielsweise fünf Millionen Euro, die wir in den USA und Großbritannien in den Nachkriegsjahren hatten. Zweitens: Eine progressive globale Besteuerung von Vermögen, sei dies etwa durch Erbschaftssteuern in einer Größenordnung von dreißig bis fünfzig Prozent oder – für Mega-Vermögen – noch höher, sei dies durch jährliche progressive Substanzsteuern auf Vermögen. Piketty: »Man könnte sich einen Steuersatz von 0 Prozent für Vermögen unterhalb von 1 Million Euro vorstellen, 1 Prozent für Vermögen zwischen 1 und 5 Millionen, und 2 Prozent für Vermögen über 5 Millionen. (…) Wenn man ein ambitionierteres Ziel verfolgen will, nämlich das, die Vermögensungleichheit auf ein moderateres Niveau zu reduzieren, könnte man Steuersätze von 10 Prozent oder mehr für Milliardäre einführen.«

Wohlgemerkt: Piketty schlägt nicht bloß eine einmalige zehnprozentige Abgabe auf Milliardenvermögen vor, sondern einen jährlichen (!) Steuersatz auf Milliardenvermögen von zehn Prozent (!), was bei Kapitalrenditen von unter zehn Prozent auf Dauer einer Enteignung gleichkäme, bei Renditen von zehn Prozent zumindest dazu führen würde, dass die hohen Vermögen nicht mehr weiterwachsen. Und all das müsste natürlich am besten auf globaler Ebene, in jedem Fall innerhalb des Rahmens der Europäischen Union beschlossen werden.

Piketty selbst weiß und sagt natürlich, dass das auf den ersten Blick »utopisch«, ja völlig unmöglich erscheint. Aber, so fügt er hinzu, »die europäischen Staaten waren in der Lage, eine gemeinsame Währung einzuführen«, wieso also soll dann eigentlich eine Steuerharmonisierung, die endlich wieder die Möglichkeit schafft, große Vermögen zu besteuern, so unmöglich sein? Ist das eine wirklich utopischer als das andere?

Nun könnte man sich theoretisch natürlich vorstellen, dass das passieren würde – dass sich die Eliten des Globus darauf verständigen, die Reichen (was wohl in der Realität heißen würde: sich selber) zu enteignen, um das stabile Weiterleben des Kapitalismus zu gewährleisten. Würde das geschehen, wäre Pikettys Analyse nicht so sehr ein Argument für die langfristige Instabilität des Kapitalismus, sondern sie würde sich in die keynesianische Konzeption der Rettung des Kapitalismus vor sich selbst integrieren lassen.

Wie realistisch es ist, dass sich, etwa im Kontext der G-20-Staaten, alle führenden Staats- und Regierungschefs mit den mächtigsten Bankern und einflussreichsten Großkapitalisten an einen Tisch setzen, ein solches Rettungsprogramm beschließen und dann auch noch global durchsetzen, sei freilich dahingestellt.

Nicht zuletzt deshalb stellt Benjamin Kunkel die schnippische Frage: »Warum sollten die nationalen geschäftsführenden Ausschüsse der herrschenden Klasse sich weltweit zusammenschließen, um ebendiese Klasse Pikettys Vermögenssteuer zu unterwerfen? Offen gestanden, scheint eine sozialistische Revolution da noch wahrscheinlicher.«

5. KAPITEL
Innovationsschwäche – wie der Kapitalismus seine Dynamik verlor

Erinnern wir uns an zwei Sachverhalte, denen wir bereits begegnet sind: Erstens, so haben wir gesehen, sind Produktivitätszuwächse, also Erfindungen und Innovationen, die wichtigste Quelle von Fortschritt und Wachstum, andererseits reduzieren Produktivitätszuwächse und globale Konkurrenz die durchschnittliche Profitrate und damit die Gewinnaussichten für die Unternehmen im Allgemeinen, weil die Produktivitätssteigerungen der fortgeschrittensten Unternehmen dazu führen, dass sich die weniger fortgeschrittenen Unternehmen mit niedrigeren Profitraten zufriedengeben müssen – was dann wiederum langfristig dazu führt, dass Boom und hohes Wachstum von einem sukzessiven Abstieg, von wachsender Arbeitslosigkeit und Ähnlichem abgelöst werden. Eine ganz andere Frage ist aber, ob es im zeitgenössischen Kapitalismus noch jene Dynamik der Innovation – und damit der Produktivitätssteigerung – gibt, die die früheren Epochen dieses Wirtschaftssystems ausgezeichnet hat.

Mit dieser Fragestellung nähern wir uns einer Problematik, bei der unter Wirtschaftsforschern nicht nur die Interpretation der Fakten umstritten ist, sondern die Fakten selbst. Die einen beobachten einen immensen Produktivitätszuwachs, die anderen praktisch keinen mehr. Wie kann das sein? Nun, es ist schon eine verdammt unsichere Sache, wenn man versucht, Produktivität zu messen. Produktivitätszuwächse bedeuten, dass das »Output per Capita« in einer bestimmten Zeiteinheit wächst – also die Produktion von Gütern und Dienstleistungen pro Beschäftigten. Das kann natürlich auf unterschiedliche Weise geschehen: Beispielsweise kann eine Firma leistungsfähigere Maschinen einführen, dann können die Arbeiter in der gleichen Zeit mehr produzieren. Das lässt sich noch einigermaßen leicht messen. In Putzfirmen können neue Systeme zur Arbeitsüberwachung installiert oder brutalere Vorarbeiter eingestellt werden, dann werden die Putzkräfte vielleicht zwölf statt zehn Zimmer pro Stunde putzen – in diesem Fall wird die Arbeitsproduktivität durch mehr Druck gesteigert. Aber es gibt eine Fülle von anderen Fällen, wo »Produktivitätszuwächse« eigentlich nur statistische Phänomene sind, die überhaupt nichts darüber aussagen, ob eine Wirtschaft leistungsfähiger geworden ist oder nicht.

Erinnern wir uns doch nur kurz daran, mit welcher Verve forsche Marktfetischisten noch vor knapp zehn Jahren darauf hingewiesen haben, dass Old Europe gegenüber Amerika dramatisch im Produktivitätsfortschritt zurückfalle! Und dass wir deshalb dringend in Europa unsere Arbeitsmärkte deregulieren und unser Bildungssystem privatisieren und obendrein Niedriglohnsegmente einführen müssten! Zwar drängt sich, wenn wir uns auf eine Reise in eine amerikanische Großstadt begeben, nicht gerade der Eindruck auf, dass die US-Wirtschaft so »produktiv« sei – schließlich sehen wir dort überall Menschen, die relativ unproduktiven Tätigkeiten nachgehen: im Hotel zehn, zwölf Männer, die unbedingt unsere Koffer tragen wollen, im Supermarkt junge Leute, die unsere Waren in Papiertüten packen, an jeder Straßenecke drei Leute, die Hot Dogs, Getränke oder Donuts anpreisen.

Hier soll nicht behauptet werden, dass das unnötige Arbeiten sind – aber besonders »produktiv« erscheinen diese vielen gering qualifizierten Dienstleister fürwahr nicht. Und wenn wir die öffentliche Infrastruktur – Verkehrsmittel, Brücken – mit der bei uns daheim vergleichen, haben wir womöglich den Eindruck, das »produktivste Land der Welt« zerfalle. Sogar das Internet ist im High-Tech-Land Amerika oft langsamer als bei uns zu Hause. Und die amerikanische Industrieproduktion ist heute, verglichen mit der Deutschlands oder Österreichs, ohnehin nur mehr ein Schatten ihrer selbst.

Die Statistiken und Daten der Ökonomen bewiesen jedoch eindeutig: Das »Produktivitätswachstum« der US-Wirtschaft hängte das der europäischen Volkswirtschaften regelmäßig ab. Doch ein Gutteil dieses »Produktivitätsfortschritts« beruht auf dem Produktivitätsfortschritt in der Finanzindustrie! Nur – wie misst man eigentlich die Produktivität von Bankern, Brokern und Kredithaien? Ganz einfach: Transaktionen pro Person und Zeiteinheit. Ein Banker, der sich mit den Renditeaussichten einer Firma intensiv beschäftigt und drei Investitionen am Tag tätigt, arbeitet »unproduktiv« – einer, der pro Sekunde computerunterstützt drei Kauf- und zwei Verkaufsorders abgibt, ist dagegen sehr »produktiv«. Ein Kreditmakler, der die Bonität seines Kunden ordentlich prüft, ist »unproduktiv« – einer, der sich darum keinen Deut schert und so vielen Kunden wie möglich in kürzester Zeit Hypotheken andreht, nur um die Gebühren und Provisionen einzustreichen, der arbeitet »produktiv«.

Im Lichte der Finanzkrise darf man feststellen: Ein bisschen weniger »Produktivitätsfortschritt«, und uns wäre so manches erspart geblieben.

Oder noch einmal anders gesagt: Wenn hundert Stahlarbeiter eine Tonne Stahl produzieren, und im nächsten Jahr reichen fünfzig Stahlarbeiter, um zwei Tonnen Stahl zu produzieren, dann sind Produktivitätsfortschritte leicht zu messen.

Der Beitrag von Youtube, Facebook oder Wikipedia zur Produktivitätssteigerung von Wissensarbeitern, Designern und anderen lässt sich schon schwerer messen. Staatliche Serviceeinrichtungen wie die Arbeit der Polizei, von Magistraten, von Sozialeinrichtungen, die üblicherweise ja keine »Produkte« oder »Dienstleistungen« produzieren, die am Markt gehandelt werden, werden einfach mit Hilfe der Kosten verbucht (also etwa der Löhne der Beschäftigten). Ob sie in der gleichen Zeit mehr Leuten helfen oder ob die Verwaltung besser funktioniert, lässt sich in der Statistik kaum erfassen. Üblicherweise geht man von einem Produktivitätswachstum von Null aus, was aber den Tatsachen wohl nicht entspricht.

Das heißt: Den Statistiken über den Produktivitätszuwachs einer Volkswirtschaft sollte man stets mit ein wenig Misstrauen gegenübertreten – man weiß nie genau, was sich hinter den Zahlen verbirgt.

Aber womöglich sind Sie der Meinung, dass man ja schon aufgrund anekdotischer Evidenz, also durch die Beobachtung unserer Wirklichkeit mit bloßem Auge, erkennen kann, dass es so viel Innovation wie nie gibt und daher alle Arbeitsabläufe produktiver werden. In den Fabriken schrauben Roboter in Sekundenschnelle ganze Maschinen zusammen, in den Büros sind überall Computer im Einsatz, die uns komplexe Arbeiten abgenommen haben, über denen früher noch Heerscharen von Schreibtischhengsten brüteten. Überall sind in den vergangenen 25 Jahren ganze Branchen verschwunden, weil sie durch Innovationen unnötig gemacht wurden – Berufe, die bis dato Jahrhunderte überdauert hatten, wie etwa Schriftsetzer. Es gibt also doch ungeheure Innovation – mehr denn je! Gerade bereitet sich die Industrie auf die Fabrik 4.0 vor, in der 3D-Drucker hochkomplexe Produkte ausspucken werden, die man zuvor auf Computerprogrammen entwickelt hat.

Die Theorie von der »stockenden Innovation«

All das ist natürlich vollkommen unbestreitbar, aber wir neigen womöglich dazu, diese Auswirkungen zu überschätzen. Tatsächlich gibt es viele Hinweise dafür, dass das Produktivitätswachstum seit langer Zeit schon zurückgeht und wir uns einem Zustand relativer Stagnation annähern – das heißt natürlich nicht, dass es keine Innovationen mehr gibt, aber dass es keine mehr gibt, die zu solch dramatischen Sprüngen nach vorn führen, wie das frühere Innovationen taten.

Der amerikanische Ökonom Robert J. Gordon widmete sich dieser Problematik vor einigen Jahren in einem Policy Paper des amerikanischen Centre for Economic Policy Research mit dem Titel »Ist das amerikanische

Wirtschaftswachstum vorbei?«, in dem er das Phänomen untersuchte, das er mit »stockender Innovation« beschrieb.

»Ab 1750 begann das Output per Capita rasant zu wachsen«, schreibt er, es erreichte seine schnellste Wachstumsrate in der Mitte des 20. Jahrhunderts und hat sich seither kontinuierlich verlangsamt.«

Die Computer- und Internetrevolution war die letzte Großinnovation, die signifikant die Produktivität hob, erreichte aber »ihren Höhepunkt in den späten 1990er Jahren«. Im vergangenen Jahrzehnt gab es praktisch keine Innovationen mehr, die die Produktivität hoben. »Die Innovationen seit dem Jahr 2000 haben sich auf Entertainment- und Kommunikations-Tools konzentriert, die kleiner, smarter, multifunktioneller sind als die vorhergehenden, aber die auf keine fundamentale Weise die Arbeitsproduktivität oder auch unseren Lebensstandard beeinflussen.«

Von Windows 98 am Laptop zu Windows 8 am Tablet – das ist ein gehöriger Fortschritt in der Bequemlichkeit, aber natürlich nichts, was Wirtschaft und Leben auf ähnliche Weise beeinflussen würde »wie die Erfindung des elektrischen Stroms, von Autos oder Innentoiletten«. Die großen Innovationen der vergangenen fünfzehn Jahre brachten uns Produkte, »mit denen wir dasselbe tun können, was wir schon vorher konnten, bloß in kleinerer und netterer Verpackung«.

Gordon illustriert seine These mit einem eingängigen Bild: 1850 haben sich die meisten Menschen noch mit höchstens zehn Stundenkilometern fortbewegt. Dann wurden Eisenbahnen erfunden, dann Flugzeuge, und 1950 flog man mit der Boing 747 900 km/h schnell.

Seither wird die Menschheit aber nicht mehr »schneller«. De facto, so Gordon, werde sie langsamer, da die heutigen Boings nicht mehr mit Höchstgeschwindigkeit fliegen, weil dafür der Treibstoff zu teuer ist.

Produktivitätswachstum könnte sich, so Gordons Überlegung, als »one-time-only-event« herausstellen. Klingt kompliziert, ist aber leicht zu verstehen: Wenn ein gewisses Produktivitätsniveau erreicht ist, bringen auch die bahnbrechendsten Innovationen keinen gar so großen Fortschritt mehr. Vom Handwerker, der in wochenlanger Hobelei in seiner Werkstatt einen Tisch bastelte, zur industrialisierten Möbelfabrik – das war ein großer Sprung nach vorn. Dagegen ist auch die 3D-Drucker-Fabrik nur mehr ein kleiner Produktivitätsfortschritt.

Gordon legt mit seiner Untersuchung nahe, dass es eben auch technologische Ursachen gibt, die notgedrungen dazu führen, dass der zeitgenössische Kapitalismus an Dynamik verliert. Man könnte also sagen: Wenn der Kapitalismus schon praktisch alles mit hoher Produktivität produzieren kann, dann bekommt er ein Problem, weil dann Produktivitätssteigerungen nicht mehr so leicht möglich sind. Anders gesagt: Es könnte der paradoxe Fall eintreten, dass er gewissermaßen am Überfluss zugrunde geht.

Vielleicht ist Gordons Argument im Lichte der gegenwärtigen Innovationen auch nur halb richtig. Es ist ja auch möglich, dass die Innovationen extreme Produktivitätsfortschritte bringen, aber langsam inkompatibel werden mit der kapitalistischen Produktionslogik. Nehmen wir nur das Internet, in dem jeder Zugang zu dem großen Ozean an Informationen hat und diese weitgehend frei zur Verfügung stehen. Dann schlägt das Sharing-Prinzip der Peer-to-Peer-Ökonomie die Profit-Ökonomie, denn dann wird einfach im Netzwerk »von Gleich zu Gleich« getauscht, nicht zuletzt deshalb, weil ich ja nicht ein Weniger an Information zur Verfügung habe, wenn ich sie auch anderen gratis zur Verfügung stelle. Information ist in diesem Sinne ein klassisches Gut, das in unendlicher Menge vorhanden ist, und ich mir nichts vom Mund absparen muss, wenn ich sie mit anderen teile. Im Gegenteil: Das verallgemeinerte Prinzip »Teilen« führt dazu, dass auch ich mehr an Information zur Verfügung habe. Bloß, wo bleibt das Profitprinzip, wenn ein Gut gratis ist?

Was heute schon Zeitungen, Buchverlage und andere in die Bredouille bringt, könnte im Zeitalter dezentraler 3D-Drucker, des »Internets der Dinge«, auch mit der Industrie, also mit beinahe jeder Art von Güterproduktion, passieren. Klar, die Drucker sind teuer und haben recht hohe Anschaffungskosten, so ähnlich wie Computer – was aber, wenn sie danach Häuser oder Autos ausdrucken können und sogar die Ersatzteile zu ihrer eigenen Reparatur?

Klingt nach Zukunftsmusik? Ist es auch. Aber, wie Jeremy Rifkin nicht unplausibel einwendet: »Hätte ich Ihnen vor fünfundzwanzig Jahren gesagt, dass in einem Vierteljahrhundert ein Drittel der Menschheit in riesigen weltweiten Netzwerken aus Hunderten von Millionen Mitgliedern miteinander – schriftlich wie audiovisuell – kommunizieren würde und man das Wissen der ganzen Welt über sein Mobiltelefon abrufen könnte (...) und das praktisch kostenlos, Sie hätten ungläubig den Kopf geschüttelt. Und jetzt gehört das alles zum Alltag. Aber was, wenn ich Ihnen jetzt sage, dass in fünfundzwanzig Jahren der größte Teil der Energie für Heizung, Haushaltsgeräte, Geschäfte, Kraftfahrzeuge und die gesamte Weltwirtschaft praktisch gratis sein wird?«

Mag ja sein, dass Gordon die Produktivitätsfortschritte durch Innovation unterschätzt, aber dennoch den richtigen Punkt trifft, nämlich dass diese sich kaum mehr in das kapitalistische Wohlstandswachstum einpassen lassen, das nun einmal in einem Wachstum des Outputs in Marktpreisen gemessen wird – dann nämlich, wenn sie sich primär in Sektoren niederschlagen, wo es keine Marktpreise im herkömmlichen Sinne mehr gibt.

Verlangsamung oder Beschleunigung des Fortschritts?

Wir sind hier an einem wirklich paradoxen Punkt unserer Erkundungen: Die einen Ökonomen führen ins Treffen, dass die ökonomische Stagnation ihre Ursache in einer *Verlangsamung* von Innovation und Produktivitätswachstum hat. Die anderen Forscher betrachten eher eine kumulative *Beschleunigung* des Produktivitätswachstums als Ursache der Probleme. Aber beide kommen letztlich zu ähnlichen Ergebnissen.

Eine ziemlich bemerkenswerte Sache. Widmen wir uns dieser wirklich raffinierten Frage ein wenig langsamer und intensiver. Die Frage der Technologie ist eine Thematik, die von vielen Wirtschaftswissenschaftlern in der jüngsten Zeit auf die eine oder andere Weise aufgegriffen und um weitere Untersuchungen ergänzt wurde. Denn der verlangsamte Produktivitätsfortschritt ist ja bei weitem nicht das einzige – und eben umstrittene – Phänomen, das bei den heutigen Innovationen auffällt. Ein vielleicht noch wichtigerer – und viel unbestrittenerer – Aspekt ist, dass technologische Revolutionen heute eben nicht primär dazu führen, menschliche Arbeit produktiver zu machen, sondern Menschen durch Maschinen zu ersetzen. Und das heißt: Sie schaffen nicht massenhaft neue Jobs, sondern sie zerstören gute Jobs.

Das ist ein Sachverhalt, dessen Bedeutung nicht hoch genug eingeschätzt werden kann. Frühere technologische Revolutionen hatten schließlich eine ganz andere Wirkung. Die Industrialisierung zerstörte Jobs – im Handwerk, in der Landwirtschaft –, aber sie schuf Millionen neuer Stellen in Fabriken und Büros. Bauern und Landarbeiter, deren Existenzgrundlage verloren ging, fanden in aller Regel viel bessere Stellen in den neuen Branchen (oder zumindest ihre Kinder). »Computer und das Internet haben aber eine ganz andere Auswirkung auf die Beschäftigung«, schreibt der US-Ökonom James K. Galbraith. »Das Verhältnis von Jobs, die zerstört werden, zu Jobs, die entstehen, ist extrem hoch (…). Und die, die ihre Jobs verlieren, sind buchstäblich überflüssig.« Und weiter: »Die neuen digitalen Technologien ziehen nicht primär ›reale‹ Vorteile für den Lebensstandard der Bürger nach sich. Sie werden vor allem deshalb eingesetzt, um Kosten zu sparen und Marktanteile von rückständigeren Firmen zu erobern.«

Das bedeutet aber auch, dass man mit der keynesianischen Methode – Geld mobilisieren, um Investitionen anzukurbeln – kaum eine wirtschaftliche Erholung stimulieren wird, da »die Firmen hauptsächlich in neue Technologien investieren würden, um noch mehr Arbeitsplätze einzusparen«. Mit weniger Jobs haben weniger Leute wirtschaftliche Möglichkeiten – mit allen damit verbundenen Folgen etwa für den Wohlstand der breiten Masse und auf die Absatzchancen der schönen Produkte.

Immer mehr Ökonomen werfen heute auch die Frage auf, inwiefern Technologie zur wachsenden Ungleichheit beiträgt. Man wird die Antwort auf diese Frage nicht finden, wenn man eine Rundfahrt durchs Silicon Valley macht, aber dennoch wird man ein paar frappierende Eindrücke gewinnen. So beträgt das Medianeinkommen im Silicon Valley 94 000 Dollar jährlich, während gleichzeitig 31 Prozent aller Arbeitnehmer für einen Stundenlohn arbeiten, der unter 16 Dollar liegt. Die schöne Formel, dass Reichtumszuwachs wie die Flut am Meer »alle Boote hebt«, trifft für Amerikas Tech-Boom-Region jedenfalls nicht zu – im Gegenteil. Selten finden sich grobe Ungleichheiten auf so engem Raum konzentriert, rechnen die Forscher vom Massachusetts Institute of Technologie vor. Diese Ungleichheiten in einer der reichsten Regionen der Welt kann man an jeder Straßenecke in Augenschein nehmen. »So wie ich die Daten interpretiere, ist Technologie die treibende Kraft des jüngsten Anstiegs der Ungleichheit«, sagt der MIT-Forscher Erik Brynjolfsson, der gemeinsam mit seinem Kollegen Andrew McAfee zu den führenden Forschern auf diesem Gebiet zählt.

Aber der Beitrag der modernen Technologien zur wachsenden Einkommensungleichheit ist auf verschiedene Weise wirksam – die Wirksamkeit ist einleuchtend, aber deren Gewicht nicht immer ganz klar. Nur ein Beispiel: High-Frequency Trading auf den Finanzmärkten verschafft denen, die schon reich genug sind, um sich den Zugang zu avancierter Technologie leisten zu können, einen Vorteil gegenüber den Durchschnittsanlegern, die diesen Zugang nicht haben – das wäre dann eben auch ein Beitrag von Technologie zu wachsender Ungleichheit, wenngleich man über dessen Ausmaß streiten kann.

Ähnlich fragwürdig sind auch andere Argumente, die auf den ersten Blick plausibel klingen: etwa das Argument, dass Leute mit bestimmten hohen Qualifikationen – und hier vor allem technischen Qualifikationen, die von Softwareprogrammieren, Netdesign bis Versicherungsmathematik reichen – heute immense Einkommen erzielen können, während alle anderen tendenziell unter die Räder kommen, weil sie zu schlecht ausgebildet sind.

Dieses Argument ist auf dem ersten Blick plausibel, hat aber auch einen großen Schwachpunkt: Es unterstellt, dass der Großteil der Mittelklasse, ganz zu schweigen von der Unterschicht, einfach schlecht ausgebildet sei. Aber das ist natürlich Unsinn: In allen entwickelten Volkswirtschaften haben wir heute die bestausgebildete Generation auf dem Arbeitsmarkt, beinahe jeder junge Mann und jede junge Frau aus der Mittelklasse kann heute schon auf einen Universitäts- bzw. Fachhochschulabschluss oder Vergleichbares verweisen. Der Punkt ist nur, dass das heute den meisten nichts mehr hilft. Während vor dreißig Jahren schon eine Qualifikation wie das Abitur eine nahezu sichere Garantie für einen guten Job und ein gutes Einkommen war, ist das heute eben nicht mehr der Fall. Oder, wie es im Fachjargon heißt: die »Bildungsdividende« geht heute für die allermeisten einfach nicht mehr auf. Eine halbe Generation gut ausgebildeter Leute hangelt sich von Praktika zu schlecht bezahlten Jobs und ist schon froh, wenn sie eine Anstellung ergattert, die etwas mehr Einkommen bringt, als die Wohnung kostet.

Innovation ersetzt Arbeit und drückt die Einkommen

Die Spaltung verläuft also nicht so sehr zwischen Gutqualifizierten und Unqualifizierten, sondern zwischen einem glücklichen kleinen Teil der Gutqualifizierten und allen anderen. Wir nähern uns also einer »The Winner Takes It All«-Ökonomie an, bei der die Winner aber nicht unbedingt von ihrer Qualifikation profitieren, sondern einfach Glück in der Lotterie des Wirtschaftslebens hatten. »Die Einkommenszuwächse seit den neunziger Jahren waren in allen Bildungskohorten flach«, schreibt der Ökonom und Ungleichheitsforscher Colin Gordon im amerikanischen »Dissent«-Magazine, »und Angestellte mit einem College-Abschluss haben beinahe genauso viel an Boden verloren wie alle anderen.«

Das Argument mit der Qualifikation ist deshalb nicht unbedingt grundlegend falsch – es erklärt nur viel zu wenig. Das eigentliche Problem ist nämlich eben: Technologie zerstört heute mehr Jobs, als sie schafft, was dann alle Arbeitnehmer unter Druck setzt, aber die mit den schlechtesten Qualifikationen unter den größten Druck. MIT-Forscher Brynjolfsson bestätigt diese These. Er zeigt gern zwei Kurven, die faktisch für sich sprechen: die eine zeigt das Wachstum der Beschäftigung, die andere das Wachstum der Produktivität (also, grob gesprochen, den technologischen Fortschritt).

Jahrzehntelang verliefen diese Kurven parallel. Mit dem Produktivitätsfortschritt wuchs der allgemeine Reichtum, und damit wuchsen auch die wirtschaftlichen Möglichkeiten aller Bürger, nicht nur der an der Spitze, sondern einer breiten Mittelschicht. Aber seit dem Jahr 2000 streben diese Linien auseinander. »Die große Abkoppelung«, nennt das Brynjolfsson.

Technologischer Wandel, der nicht nur manuelle Arbeit, sondern auch viele andere Tätigkeiten einspart, verändert die ökonomische Spielanordnung, was dann in weiterer Folge einen Anstieg der Ungleichheit nach sich zieht: Vielen Arbeitssuchenden mit normalen Qualifikationen stehen viel zu wenige Jobs gegenüber, was einen Abwärtsdruck bei den Löhnen zur Folge hat. Hinzu kommt ein weiterer wichtiger Sachverhalt: Da es gerade Branchen mit hoher Produktivität sind – in denen traditionell gute Löhne gezahlt wurden –, die vollständig robotisiert werden, steigt die Beschäftigung vor allem im Dienstleistungssektor an, in dem die Produktivität traditionell niedrig ist – und somit auch die Einkommen.

Zugegeben – das ist etwas unscharf formuliert, da der Begriff »Dienstleistungssektor« extrem unterschiedliche Branchen beschreibt. Haben in den USA Mitte des 20. Jahrhunderts noch 34 Prozent der Beschäftigten in der Industrie gearbeitet, so waren es 2012 nur mehr 18 Prozent. Währenddessen ist der Anteil der Beschäftigten im Dienstleistungssektor von fünfzig Prozent auf achtzig Prozent gestiegen. »Tatsächlich ist die Diversität des Dienstleistungssektors so extrem, dass schon der Begriff Dienstleistungssektor fast keinen Sinn macht«, schreibt

Thomas Piketty. Zu diesem Sektor werden Universitätslehrer genauso gezählt wie Kellner, Putzfrauen genauso wie Investmentbanker, Verkäufer genauso wie Künstler oder die vielen »Kreativarbeiter« im Computerdesign, Immobilienhaie genauso wie Beschäftigte privater Sicherheitsdienste, Krankenpfleger und Medienleute.

Dennoch zeichnet sich der Dienstleistungssektor dadurch aus, dass die allermeisten Berufsbilder dieses Sektors nur in beschränktem Maße rationalisierbar sind und deren Produktivität kaum durch Technologie gehoben werden kann. Lehrer unterrichten Schulklassen, und das lässt sich nicht so leicht »produktiver« gestalten, auch Altenpfleger, die pflegebedürftige Greise waschen, sind nur schwer durch Maschinen zu ersetzen, und beim Schreiben dieses Buches erleichtert mir der Computer manches, was im Schreibmaschinenzeitalter mühsamer gewesen wäre, aber das Studieren, Materialsammeln, Lesen und Formulieren nimmt mir kein Automat der Welt ab (glücklicherweise). Ich bin natürlich »produktiver«, weil ich beispielsweise an mehr Quellen herankomme, aber diese gehobene »Produktivität« lässt sich sehr schwer messen, sie steigert allenfalls die intellektuelle Qualität meines »Produktes«.

Ähnliches gilt für Kellner und Verkäufer, auch wenn Letztere im Supermarkt womöglich bald durch automatisierte Kassen ersetzt werden. Aber auch das würde nur zu Produktivitätsfortschritten führen, die nicht mit denen in der Industrie verglichen werden können, da die Wertschöpfung der betreffenden Firmen ja eine ungleich geringere ist. Ein Großteil dieses Sektors ist »technologisch stagnierend«, wie das in einem Arbeitspapier des Internationalen Währungsfonds heißt.

Der Kapitalismus im »stationären Zustand«?

Niedrige Wertschöpfung bei geringer Produktivität zieht aber logischerweise niedrigere Löhne nach sich. Im Dienstleistungssektor wurden immer schon im Durchschnitt signifikant niedrigere Löhne bezahlt als in der Industrie. Und das heißt dann natürlich ebenso logischerweise, dass das allgemeine Lohnniveau sinkt, wenn immer mehr Jobs im verarbeitenden Gewerbe verloren gehen, während die meisten Jobs in Dienstleistungsbranchen entstehen.

Diese Verschiebung ist ein wichtiger Grund, weshalb sich der zeitgenössische Kapitalismus in Richtung eines stagnierenden »stationären Zustands« bewegt, zumal, wenn man noch einen Sachverhalt dazudenkt: Die ökonomisch fortgeschrittenen Länder entwickeln sich zu »grauen Gesellschaften«, also zu überalterten Gesellschaften, in denen immer weniger Menschen im arbeitsfähigen Alter immer mehr Älteren gegenüber stehen. Das ist an sich schon ein Problem, weil dann eine schrumpfende Zahl von Beschäftigten eine wachsende Zahl von Senioren erhalten muss. Es werden aber auch immer mehr dieser Beschäftigten in Berufen wie Altenpflege und Ähnlichem arbeiten, Berufen, in denen die Produktivität niedrig und die Einkommen gering sind.

Was das im langfristigen Vergleich für den Kapitalismus bedeutet, ist klar, wenn man nur zwei Epochen nebeneinanderstellt: Während bis in die Mitte des 20. Jahrhunderts Jobs in der Landwirtschaft verloren gingen und durch Jobs in einem produktiveren Sektor ersetzt wurden – nämlich der Industrie –, gehen sie nun in einem produktiven Sektor verloren und werden durch Jobs in einem unproduktiveren Sektor ersetzt.

Und auch das ist eben möglicherweise nur ein Übergangsphänomen, denn die generelle Tendenz geht in Richtung eines Verlustes an Arbeitsplätzen in *allen* Sektoren. Wie ein Blitz schlug diese Erkenntnis in den USA in den letzten Jahren ein, und zwar deshalb, weil die Vereinigten Staaten es schafften, mit massiven Konjunkturprogrammen – die ohnehin durch Schulden finanziert waren –, die Wirtschaft wieder flottzubekommen. Die durchschnittliche Wachstumsrate des BIP – also der Wirtschaftsleistung – kehrte schnell wieder auf 2,6 Prozent zurück.

Auch Unternehmensprofite erreichten wieder Rekordhöhen, und sogar die Ausrüstungsinvestitionen (üblicherweise ein guter Indikator für stabile Prosperität) kletterten bald wieder auf 95 Prozent des historischen Höchststandes. Aber die Beschäftigtenquote blieb auf einem historischen Tief, das seit 1984 nicht mehr gesehen war. Oder simpel gesagt: Die Arbeitslosenzahlen gingen nicht zurück. Es gab »jobless growth«, also Wachstum, ohne dass Arbeitsplätze entstanden wären. Die Automation ist nicht nur in der Produktion auf dem Vormarsch, sondern auch im Einzelhandel und auch in den gehobenen wissensbasierten Angestelltenjobs.

Was aber, wenn irgendwann Maschinen alles herstellen können und das sogar noch zu »Null-Grenzkosten«, das heißt, wenn tendenziell jedes weitere Produkt einer Produktionslinie faktisch kostenfrei produziert werden kann? Wenn ich eine Hörbuch-CD produziere, dann kostet das natürlich die Arbeitszeit des Autors und die Arbeitszeit des Sprechers. Aber es ist egal, ob ich dann hunderttausend oder eine Million Kopien erstelle, denn jede weitere Kopie erzeugt null Kosten (wenn ich sie direkt auf die Festplatte lade) oder fast null Kosten (wenn noch ein altmodischer Datenträger wie die CD im Spiel ist).

Dieser Gedanke lässt sich nun auf alle weiteren Sektoren der Ökonomie übertragen, sobald wir Maschinen produziert haben, deren Produktion einmalige Anschaffungskosten erfordert, die aber ab dann alles zu null Grenzkosten herstellen, sogar ihre eigenen Ersatzteile und ihren eigenen Ersatz. Dann haben wir einen Produktivitätsfortschritt erreicht, der sich in die Logik des kapitalistischen Systems nicht mehr so leicht integrieren lässt – denn was nichts kostet, wird am Ende des Tages keinen Preis haben, und wo kein Preis, da kein Profit.

Das ganze Spiel funktioniert dann nicht mehr: Es mag zwar eine Ausweitung der Produktion und Wachstum von Reichtümern geben, aber diese sind dann monetär nicht mehr zu bewerten. In Geld messbare Einkommen von Firmen, Beschäftigten, Bürgern stagnieren, auch wenn die »Produktion« von Gütern und Dienstleistungen neue Rekorde erklimmt. Wir sind dann in einem »stationären Zustand« eigentümlicher Art. Wohin das möglicherweise führen wird, dieser Frage werden wir uns im letzten Kapitel widmen, aber zuvor müssen wir noch ein weiteres Krisensymptom genauer untersuchen: das Wachstum der Schuldenberge.

6. KAPITEL
Wachsende Schuldenberge – wie der Kapitalismus versucht, Zeit zu kaufen

Ein Kapitalismus, der zu einem undynamischen, stationären System wird – klingt furchtbar, oder? Aber halten wir einen Augenblick inne. Muss das denn überhaupt schlecht sein? Wir sind ja heute schon in der Lage, viel mehr Güter zu produzieren, als wir überhaupt brauchen – jedenfalls in den entwickelten kapitalistischen Ländern. Hand aufs Herz: Dieses ewige »mehr und noch mehr« geht vielen doch ohnehin auf die Nerven. Mit den Dingen, die wir heute haben, könnten die meisten von uns ein wunderbares Leben führen. Und die materielle Not, die bei uns herrscht, könnten wir mit ein wenig Umverteilung von jenen, die mehr haben, als sie brauchen, zu denen, die weniger haben, als sie brauchen, hinbekommen. Wahrscheinlich wäre all das dem allgemeinen Wohlbefinden nicht nur nicht abträglich, sondern sogar zuträglich. Und vergessen wir auch nicht: Unser Ökosystem verträgt dieses ewige »mehr« ohnehin nicht.

Aber so einfach ist das womöglich nicht. Die Wirtschaft in einem ganz allgemeinen Sinn kann man sich bestimmt gut als stationären Zustand vorstellen – de facto war die Wirtschaft über Jahrtausende nichts anderes als ein stationärer Zustand. Das Problem ist nur: Man kann sich den Kapitalismus nicht so leicht als stationären Zustand vorstellen. Es ist sehr fraglich, ob Kapitalismus ohne Wachstum funktionieren kann. Und zwar aus einem ganz einfachen Grund: Kapitalismus ist mit Schuldenwirtschaft eng verbunden. Im Kapitalismus nehmen Unternehmer Kredite auf – in Erwartung zukünftiger Renditen. Genauer gesagt: In Erwartung dessen, dass die zukünftigen Renditen ausreichend wachsen, sodass sich die Investitionen trotz der Kreditkosten dennoch lohnen. Das ist aber »im Aggregat« – also für das System als Ganzes – nur möglich, wenn es Wachstum gibt. Genau dieser Mechanismus war es aber, der den Kapitalismus zu einem so erfolgreichen und dynamischen Wirtschaftssystem gemacht hat. Das ist gewissermaßen der Kern des Kapitalismus.

Im Grunde lässt sich ohne das Kreditsystem nicht einmal recht erklären, wo denn in einer kapitalistischen Marktwirtschaft der Gewinn herkommen soll. Angenommen, alle Unternehmen zusammen produzieren Güter, deren Herstellung sie 100 Millionen Euro gekostet haben – diese 100 Millionen sind die Einkommen anderer Leute, ihrer Beschäftigten, ihrer Geschäftspartner. In dieser Modellvolkswirtschaft stehen dann 100 Millionen Euro zur Verfügung, um diese Güter zu kaufen. Exakt derselbe Betrag, der am Ausgangspunkt dieses Prozesses stand. Der Gewinn wäre gleich Null! Gewinn kann es also nur geben, wenn die Waren, deren Produktion 100 Millionen Euro kostete, für 110 Millionen Euro verkauft werden – was aber, wenn alle aggregierten Einkommen zusammen nur 100 Millionen Euro betragen, nicht so leicht möglich ist. Schon Karl Marx grübelte an einer berühmten Stelle im zweiten Band des »Kapitals« an dieser kniffligen Frage herum: Schließlich könne »die Gesamtklasse der Kapitalisten (...)

nichts aus der Zirkulation herausziehn, was nicht vorher hineingeworfen war«. Oder, simpler formuliert: »Aus nichts wird nichts.«

Kapitalismus ist auf Verschuldung gebaut

Dies geht also nur über Verschuldung – wenn einem Einkommen von 100 Millionen Euro Konsum- und Investitionsausgaben von 110 Millionen gegenüberstehen. »Ohne Schulden läuft nichts«, nennt deshalb Thomas Strobl sein fulminantes Buch über die Funktionsweise des Kapitalismus. Mehr noch: da die Schulden ja mit Zinsen zurückgezahlt werden müssen, muss sich dieser Kreislauf jedes Jahr auf höherem Niveau wiederholen. Der Kapitalismus funktioniert also, wenn man so will, nach dem Prinzip des »Kettenbriefes«.

Oder noch einmal und anders gesagt: Die Frage lautet, wie kommt es eigentlich dazu, dass in der nächsten Periode 100 plus x produziert wird und auch abgesetzt werden kann. Wo kommt das Einkommen her, die zusätzlichen Güter abzusetzen?

Der Schlüssel dazu ist der Investmentkredit. Das zusätzliche Geld kommt heute ins System – als Kredit –, sorgt für mehr Produktion und kann morgen als zusätzliches Einkommen den Absatz der Güter von 100 plus x garantieren. Das ist gewissermaßen ein Vorschuss, dem der dynamische Kapitalismus Jahr für Jahr nachläuft. Er ist die System gewordene Wette auf die Zukunft. Der Kapitalismus ist also eine stetige Flucht nach vorn. Der Kredit schafft die Ausweitung der Produktion *und* die zusätzliche Nachfrage für dieselbe. Das funktioniert aber nur, wenn es ausreichend Wachstum gibt. Unternehmen nehmen Kredite auf, verschulden sich, um zu investieren, aber diese Investitionen rentieren sich nur, wenn es ausreichend Wachstum gibt. Andernfalls gibt es Pleitewellen.

Kapitalismus beruht also auf stetiger Kreditausweitung, was aber überhaupt nichts macht, wenn dem eben auch eine stetige Ausweitung von Produktion und Einkommen gegenübersteht – vulgo Wachstum. Sinkt das Wachstum aber, türmen sich mehr und mehr Schulden auf, von denen die Wirtschaftssubjekte dann nicht mehr herunterkommen. Für den Gesellschaftswissenschaftler Wolfgang Streeck ist der explosionsartige Anstieg der Verschuldung der führenden Volkswirtschaften in den vergangenen 30 Jahren das Symptom schlechthin dafür, dass sich der Kapitalismus auf dem Weg zu seinem Exitus befindet. Tatsächlich wird in der wirtschaftspolitischen Debatte, sobald die Rede auf die Verschuldung kommt, immer nur auf die Staatsschulden geblickt. Aber es ist ja nicht nur die Verschuldung der öffentlichen Institutionen, von Staaten, Ländern und Kommunen angestiegen, sondern die Verschuldung aller Wirtschaftssubjekte – also von Staaten, privaten Haushalten und Unternehmen (in dem Fall vor allem des Finanzsektors).

Die durchschnittliche Schuldenquote in den Industrieländern liegt laut einer Studie des Consultingunternehmens McKinsey derzeit bei 156 Prozent der Wirtschaftsleistung. Wobei einige Länder signifikant nach oben ausreißen: So liegt die Verschuldungsquote Großbritanniens bei 435 Prozent des BIP, die Irlands ist auf 680 Prozent des BIP gestiegen. Eine astronomische Zahl! Betrug die Summe aller Schulden global im Jahr 2000 noch 87 Billionen Dollar, stieg sie bis zum Jahr 2014 auf 199 Billionen Dollar. Die Zahlen sind je nach Berechnungsmethode deutlich unterschiedlich: So ergab eine andere Studie, dass etwa die Länder der Eurozone einen Verschuldungsgrad von 261 Prozent des BIP aufweisen.

Auch wenn die Zahlen voneinander abweichen, eines ist jedenfalls klar: Die Schuldenstände in den entwickelten Ländern haben in den vergangenen Jahrzehnten extrem zugenommen und liegen in aller Regel irgendwo zwischen 200 und 300 Prozent des BIP, mit Ausreißern nach oben und wenigen nach unten.

Eine ganz andere Frage ist, was das denn eigentlich wirklich bedeutet. »Das sind doch nur die Bruttoschulden, und das sagt überhaupt nichts aus«, meint der Wirtschaftsforscher Heiner Flassbeck. Denn diesen Schulden stehen Finanzvermögen gegenüber, die andere Leute oder Firmen halten – oder die sogar die gleichen Wirtschaftssubjekte halten. Tatsächlich, das ergibt schon die Saldenlogik, müssen global Finanzvermögen und Finanzschulden gleich Null sein, da jeder Zahlungsverpflichtung, die jemand eingegangen ist, ein Zahlungsversprechen gegenübersteht, das er jemandem gegeben hat. Flassbeck: »In der Welt ist das Netto-Geldvermögen zu jedem Zeitpunkt immer exakt gleich Null, denn die Welt insgesamt hat niemanden, von dem sie etwas borgen oder dem sie etwas leihen könnte. Genauso sind die Schulden der Welt immer Null. Dieser logische Zusammenhang darf bei allen Debatten über Schulden nie außer Acht gelassen werden.«

Soll heißen: Wenn jemand Finanzvermögen von

100 Euro hat, steht dem notwendigerweise jemand gegenüber, der bei ihm 100 Euro Schulden hat – und hat jemand 1000 Euro Vermögen, stehen dem eben Schulden von 1000 Euro gegenüber. Der Saldo ist notwendigerweise immer Null.

Das kann aber noch nicht völlig beruhigen, weil es zunächst einmal ja nicht mehr heißt, als dass die Explosion der Verschuldung und die Explosion der Vermögen zwei Seiten einer Medaille sind. Um das hier noch einmal so allgemeinverständlich wie möglich zu sagen: Schulden sind ja immer Zahlungsverpflichtungen, die der Schuldner bei irgendjemandem hat. Und diese Zahlungsverpflichtungen, die wiederum jemand hält, sind dessen Vermögen. Ganz simpel gesagt: Meine Geldeinlagen bei der Bank sind mein Vermögen und damit die Zahlungsverpflichtung, die die Bank bei mir hat. Halte ich eine Staatsanleihe, dann heißt das, dass ich dem betreffenden Staat Geld geliehen habe, das Wertpapier – also die Anleihe – ist mein Vermögen, dem logischerweise eine Zahlungsverpflichtung des Staates mir gegenüber besteht. Das trifft für alle Finanzvermögen zu. Natürlich kann jemand auch Vermögen besitzen, ohne dass irgendjemand bei ihm Schulden hat. Aber das ist dann Sachvermögen, beispielsweise ein Haus oder auch eine Aktie, also ein Anteil an einer Fabrik etc.

Freilich macht die Tatsache, dass Schulden notwendigerweise Vermögen in gleicher Höhe gegenüberstehen, die Sache nicht unbedingt harmlos. Gleichzeitig sagt die Tatsache, dass die Schulden so rasant ansteigen, noch nicht notwendigerweise etwas darüber aus, dass eine Wirtschaft in den Zustand chronischer Schuldenwirtschaft eingetreten ist. Es könnte auch sein, dass ein raffinierteres und damit auch komplexeres Finanzsystem entstanden ist, was ja auch seine Vorteile hat.

Nur ein Beispiel: In einer unterentwickelten Volkswirtschaft ohne echtes Finanzsystem hat möglicherweise praktisch niemand Finanzschulden und Finanzvermögen, entstehen aber dann Banken, die Kredite vergeben, steigen Vermögens- und Verschuldungspositionen. Niemand würde aber behaupten, dass diese Volkswirtschaft ungesünder geworden ist – tatsächlich ist sie ja leistungsfähiger geworden. Daher schreibt Heiner Flassbeck auch:

»Zunächst muss geklärt werden, was sich hinter dem Begriff Bruttoschulden in der Realität verbirgt. Wenn ein Unternehmen bei einer Bank einen Kredit von fünf Millionen beantragt und auch bekommt, um eine neue Betriebsanlage zu bauen, steigt die Bruttoschuldsumme des Unternehmenssektors wie des Privatsektors wie der Volkswirtschaft insgesamt um diese fünf Millionen. (Übrigens steigt auch die Summe der Brutto-Geldvermögen um fünf Millionen, weil die Bank ja Forderungen in dieser Höhe gegen das besagte Unternehmen hat.)

Wenn sich der Bau der Betriebsanlage um einen Monat verzögert und das Unternehmen, statt das Geld auf dem Konto stehen zu lassen, es einer anderen Firma zur Abwicklung einer kurzfristigen Transaktion für einen Monat weiterleiht, steigt die Schuldensumme erneut um fünf Millionen, ist also schon um zehn Millionen höher gegenüber der Ausgangssituation, ohne dass irgendetwas Schlimmes passiert wäre.«

Dennoch ist es in der Realität wohl unwahrscheinlich, dass ein bedeutender Teil des Schuldengebirges auf solch unproblematischen Finanzoperationen beruht und somit, anders gesagt, nur ein ungefährlicher statistischer Wert ist. Man tappt wohl in keine bloße Falle der Statistik, wenn man zumindest Folgendes feststellt: Verschiedene Wirtschaftsakteure – Staaten, Unternehmen, private Haushalte – haben ein drückendes Schuldengebirge aufgetürmt, während wir gleichzeitig in einen Zustand relativer Stagnation mit geringem Wirtschaftswachstum und kaum mehr steigenden Einkommen eintreten. Gewiss gibt es eine Reihe von Firmen, die extreme Gewinne machen, aber das sind in der Regel jene Firmen, die selbst Finanzvermögen besitzen (also mehr Geld auf ihren Konten liegen haben, als sie aufgrund der geringen Renditeaussichten gewillt sind zu investieren).

Alle anderen sitzen auf Schuldenbergen, die sie mit ihren laufenden Einkommen gerade noch irgendwie, aber oftmals eben nicht mehr mit Leichtigkeit bedienen können. Das bedeutet zumindest, dass das System in erheblichem Maße an Stabilität verloren hat, da viele dieser Schuldner oft nur einen Wimpernschlag von der Insolvenz entfernt sind und jede weitere Verschlechterung ihrer ökonomischen Performance eine Pleite nach sich zieht. Kurzum: Privatbankrotte und Firmenpleiten werden dann wahrscheinlicher und häufiger.

Natürlich lässt sich nicht von der Hand weisen, dass ein erheblicher Teil des Problems auch daraus resultiert, dass ganze Volkswirtschaften zusammen Nettovermögenspositionen und andere wiederum Nettoschuldenpositionen aufgebaut haben. Nehmen wir nur die Europäische Union und hier vor allem die Mitgliedstaaten der Eurozone. Diese Volkswirtschaften haben sich eine gemeinsame Währung gegeben, die den Mitgliedstaaten die Möglichkeit nimmt, entstehende Ungleichgewichte etwa bei der Wettbewerbsfähigkeit durch Wechselkursanpassungen zu korrigieren. In der Realität bedeutet das, dass Deutschland in den vergangenen 15 Jahren aus verschiedenen Gründen (Produktivitätswachstum, aber auch Lohndumping durch die Agenda-2010-Reformen) andere Mitgliedstaaten förmlich kaputt konkurriert hat, ohne dass diese die Möglichkeit haben, sich dagegen zu wehren.

Das hat zur Folge, dass Deutschland einen horrenden Exportüberschuss produziert, weil einerseits die deutschen Güter billiger sind als die der europäischen Partner und andererseits die deutschen Konsumenten nicht ausreichend Geld in der Tasche haben, um Güter der Partner zu kaufen (oder in den Partnerstaaten Urlaub zu machen und so ihr Geld in diese Staaten zu tragen). Das führt dann dazu, dass deutsche Unternehmen mehr Geld aus diesen Ländern einnehmen, als diese von Deutschland einnehmen – ein Geldüberschuss, der dann wieder als Kredit an die Partnerländer wandert, aber dort kaum für Investitionen verwendet wird, sondern dafür, die deutschen Güter zu kaufen.

Das Resultat: Deutschland häuft Vermögen auf, während die Partnerländer Schulden aufhäufen. Ein Mechanismus, der kurzfristig den Eindruck erweckt, als wäre Deutschland ökonomisch »stark«, aber langfristig natürlich niemandem hilft: Denn wenn die Partnerstaaten langfristig zu wenig Geld einnehmen, werden sie auch keine Mittel haben, die Schulden bei den Deutschen zu bezahlen, was im schlimmsten Fall dann dazu führt, dass die Staaten – oder deren private Haushalte – massenhaft bankrottgehen und die deutschen Vermögen sich in Luft auflösen. Ein Geschehen, das mit dem »Ausbruch« der Eurokrise auch eingetreten wäre, hätte man nicht panisch die beschriebenen Rettungsschirme aufgespannt, die den Eindruck erweckten, die verschuldeten Staaten würden gerettet, aber natürlich primär dazu dienten, deutsche Vermögen zu retten.

Was hier ein bisschen abstrakt und theoretisch klingt, kann man auch mit ein paar Zahlen illustrieren: Zwischen 2002 und 2008 hat sich die Kreditvergabe deutscher Banken an andere Eurozonenländer um 500 Milliarden Euro erhöht, von 580 Milliarden auf 1,092 Billionen Euro im Jahr 2008. Allein die direkte Kreditvergabe an südeuropäische Länder hat sich um 352 Milliarden Euro erhöht. Das heißt aber auch: Deutschland kann daheim nicht genügend Investitionsmöglichkeiten finden, die sich rentieren würden – eben wegen der ökonomischen Stagnation.

Gleichzeitig können die Gelder, die in den Süden fließen, mehrheitlich kaum für produktive Investitionen genutzt werden, weil die Industrien dieser Länder durch das deutsche Lohndumping niederkonkurriert werden – so fließen sie nur in den Konsum, werden dazu benutzt, deutsche Waren zu kaufen. Ein fataler Recyclingvorgang, der langfristig nicht tragfähig ist.

Heute summieren sich die jährlichen Leistungsbilanzüberschüsse Deutschlands schon auf den wahrlich katastrophalen Wert von acht Prozent. Deutschland ist damit kein »Anker der Stabilität«, wie das Phantasten wie Wolfgang Schäuble trommeln, sondern eine Kraft der Destabilisierung in Europa. Und dabei wäre es gar nicht so schmerzhaft, das Problem der deutschen Überschüsse anzugehen: Man müsste nur den deutschen Beschäftigten wieder ordentliche Gehälter zahlen, schon könnten sie sich sowohl die eigenen deutschen Güter leisten als auch mehr Güter aus anderen Ländern importieren.

Kurzum: Man kann natürlich durchaus mit Recht sagen, der Aufbau von Vermögens- und Schuldenpositionen, die nicht mehr nachhaltig sind, war die Folge einer falschen Wirtschaftspolitik der führenden kapitalistischen Staaten und nichts, was notwendigerweise dem zeitgenössischen Kapitalismus inhärent ist. Das trifft sicherlich auf einen nicht irrelevanten Teil der Schulden zu. Man kann natürlich auch genauso gut sagen: Man muss diese Schulden nur streichen – und die Vermögen gleich mit –, dann wäre das Problem gelöst. Aber das ist nicht nur politisch kaum durchzusetzen; angesichts des wackeligen Kartenhauses, zu dem das globale Finanzsystem geworden ist, hätte es wohl auch unkalkulierbare Folgen.

»Das Schuldenniveau kann nicht durch groß angelegte Abwertungen reduziert werden, da die weltweiten sozialökonomischen Kollateralschäden erdrückend wären«, schreibt der kalifornische Universitätsprofessor Gopal Balakrishnan in seinem Aufsatz »Spekulationen über den stationären Zustand«. Und weiter: »Gleichzeitig ist es einfach nachhaltig nicht mehr tragfähig, auf die bisherigen Schuldenniveaus neue Schulden draufzutürmen, selbst im Falle von Best-Case-Szenarios.« Balakrishnan: »Eine unmögliche Situation, die in eine Sackgasse geführt hat.« Es ist, schreibt auch der britische Wirtschaftsautor Paul Mason, einfach unmöglich, die nötige Schuldenreduktion hinzubekommen: »Schreibt

Amerikas Schulden ab, und chinesische Sparer werden verlieren; das Resultat wäre ein Bruch des elementaren Deals zwischen Asien und dem Westen. Schreibt die griechischen Schulden gegenüber der EU ab, und die deutschen Steuerzahler werden zig Milliarden verlieren.«

Das Schuldengebirge, das wir aufgetürmt haben, ist also alles andere als harmlos und sicherlich kein Beweis für ein besonders ausgeklügeltes und daher funktionstüchtiges Finanzsystem. Im Gegenteil: Es ist so riesig geworden, dass es uns praktisch zu erdrücken droht, und kein Mensch weiß, wie man es abbauen könnte, ohne sofort wieder schwere kollaterale Erschütterungen auszulösen. Der Verdacht verdichtet sich jedenfalls: Der zeitgenössische Kapitalismus hat das kleine bisschen an Dynamik, das er in den vergangenen zwanzig Jahren noch zuwege brachte, durch massive Kreditexplosion erkauft. Eine Strategie, die nunmehr an ihr Ende gekommen ist, sodass der Patient, angeschlossen an lebenserhaltende Maschinen, die scheppern und stöhnen, gerade nur mehr irgendwie durch intensivmedizinische Maßnahmen vor dem Exitus bewahrt wird.

7. KAPITEL
Kapitalismus im Stress-Modus – zwischen Widerstand und autoritärem Regieren

Ein Kapitalismus, der keine Wohlstandsversprechen mehr erfüllen kann, dessen tragende Institutionen zunehmend wie ein wackeliges Kartenhaus wirken, der nur mehr im Emergency-Modus operiert, weil stets irgendwo ein Zusammenbruch droht, dessen herrschende Eliten nur mehr Flickschusterei betreiben, weil sie sichtbar keinen Plan haben: So präsentiert sich das Wirtschaftssystem, das angeblich das beste aller Zeiten ist, nur 25 Jahre nach seinem scheinbaren Triumph. Und es wird, was kein Wunder ist, immer autoritärer. Die Ehe von Kapitalismus und Demokratie war nur ein Arrangement für Schönwetterperioden.

Wenn es nichts mehr zu verteilen gibt, sondern die Reichtumssicherung der Eliten allein auf Kosten der Schwächeren zu haben ist, dann muss eben auch von oben durchregiert werden, dann zählen Wahlen nicht mehr, dann werden Regierungen und ganze Völker unter Kuratel gestellt. Das klingt jetzt ein wenig übertrieben? Ein wenig gar alarmistisch? Nun, dann blicken wir noch einmal in die Krisenländer unseres Kontinents, etwa nach Griechenland, nach Spanien, aber auch nach Portugal, und betrachten wir ein wenig das innere Funktionieren der Europäischen Union in diesen Jahren. Gewissermaßen: On the Ground, ganz aus der Nähe.

Und beginnen wir bei der Regierung, die in den letzten Jahren die meisten Hoffnungen auf einen Kurswechsel nährte, bei der Syriza-Regierung und ihrem jungen Premier Alexis Tsipras.

Syriza – eine Provokation für das Establishment

»Auf unsere Regierung«, ruft Nikos mit leichtem Sarkasmus. Während wir unsere Biere heben, legt Katerina mit einer zusätzlichen Prise Ironie nach, in der auch ein Schuss Bitterkeit steckt: »Wird Zeit, dass wir endlich anfangen zu regieren.« Es ist Ende Juni 2015, und das griechische Drama geht gerade in seine nervenzerfetzendste Phase, auch wenn wir das in diesem Moment noch gar nicht richtig erahnen. Ich habe mich auf eine längere Fact-Finding Reportage gemacht, die mich vom Frühsommer bis zum Herbst immer wieder nach Griechenland führen sollte – ich wollte aus der Nähe sehen, wie linkes »oppositionelles« Regieren, wie das Regieren gegen den neoliberalen Zeitgeist und die großen organisierten Mächte in unseren Tagen möglich ist – und ob es überhaupt möglich ist. Und was geschieht, wenn man es versucht.

Wir sitzen im Caffe Stretto in Thessaloniki, und einer dieser hektischen Sonder-Krisengipfel der EU-Staats- und Regierungschefs ist gerade zu Ende gegangen. Die ersten Nachrichten treffen ein. Sie besagen, dass Alexis Tsipras tatsächlich den Gläubigerländern weit »entgegengekommen« und ein Abkommen in Sicht ist. Details sind in diesem Augenblick noch nicht bekannt.

Am nächsten Morgen ist das Lachen dem Schock gewichen. Katerina Notopoulous Handy läutet im Minutentakt. Die 27-Jährige ist Mitglied des Zentralkomitees der regierenden Syriza-Partei, also des Parteivorstandes. Eigentlich wollten wir uns an diesem Tag freinehmen und an die Küste fahren. »Danke, Merkel, danke, Alexis, dass ihr mir meinen Tag versaut«, sagt sie mit gequältem Lachen und saurem Gesicht zwischen zwei Telefonaten mit aufgebrachten Parteigenossen, die nicht fassen wollen, dass die Tsipras-Regierung tatsächlich einem neuen, fatalen Sparprogramm über acht Milliarden Euro zustimmen konnte. Ich brettere mit unserem kleinen Fiat über die holprigen Autostraßen nach Chalkidiki.

Ein Austeritätsprogramm, das den Schrecken nur prolongiert und alles noch schlimmer macht? Ein More-of-the-Same von der Medizin, die den Tod bringt? Kaum jemand kann sich in diesem Moment vorstellen, wie Tsipras dieses Abkommen durch seine Partei oder die Parlamentsfraktion bringen will. Den Syriza-Funktionären scheint, dass sie nur die Wahl zwischen zwei Horrorszenarien haben: einem Abkommen zuzustimmen, das auf beinahe kriminelle Weise unverantwortlich ist, oder dagegenzustimmen und die eigene Regierung in die Luft zu sprengen. »Ich habe Angst«, flüstert Nikos, der lokale Parteisekretär. »Dieses Abkommen können wir in der Gesellschaft einfach nicht verteidigen, unmöglich«, sagt Katerina und hebt die Achseln. Unbestätigte Berichte schwirren herum: Tsipras möchte zustimmen, weil er nicht derjenige sein will, der Griechenland aus der Eurozone führt. Yanis Varoufakis, zu diesem Zeitpunkt noch Finanzminister, und Euclid Tsakalotos, in diesen Tagen Chefunterhändler, würden sich aber angeblich gegen das Abkommen sperren.

Die nächsten Tage sollten die junge Regierung faktisch aus der Bahn werfen: Nächtliche Krisensitzungen führen nur zur Verhärtung der Fronten, bis Alexis Tsipras ein Referendum ausruft. Mehr als sechzig Prozent der Griechen sagen »Oxi« – »Nein« – zu einem neuen Austeritätsdiktat. Doch dann wird der Regierungschef in einem nächtlichen Sitzungsmarathon gleichsam erpresst: Entweder du gibst klein bei, oder wir zerstören dein Land – das war, nur unwesentlich diplomatischer formuliert, die Alternative, vor die ihn das vereinigte Euro-Establishment stellte. Sein Finanzminister Yanis Varoufakis wirft im Streit hin – Euclid Tsakalotos tritt die Nachfolge an. Aber beginnen wir von vorn.

Regierende Oppositionelle

Athen, ein paar Tage zuvor. Die Sonne glüht über der Villa Maximos. Ein bisschen sieht der Amtssitz des griechischen Premierministers aus wie eine geschrumpfte Version des Weißen Hauses. Palmen links und rechts flimmern in der Hitze. An einem Samstagvormittag trottet sie auch hier ein bisschen langsamer vor sich hin – die Revolution eigener Art, die, ja, was eigentlich will? Den Sparkurs in Europa stoppen? Griechenland retten? Oder gar eine zeitgenössische Form des Sozialismus ausprobieren?

Rein durch den Seiteneingang, durch die Sicherheitsschleuse, rauf ins Reich von Alexis Tsipras. Die junge Frau im Vorzimmer lacht fröhlich. Bei uns würde man sie Sekretärin oder gar Vorzimmerdame nennen. Aber bei einer sozialistischen Partei wie Syriza, deren Aktivisten allesamt hart gesottene Oppositionelle sind, die es plötzlich ins Regierungsamt gespült hat, wäre das etwas unangebracht. In der Sprache der Linken ist sie wohl eher die Genossin, die das Büro organisiert. »Sie können ruhig deutsch mit mir reden, ich bin halb deutsch, halb griechisch«, sagt sie. Deutsch ist hier die zweite Lingua Franca. Viele haben in Deutschland studiert, nicht wenige sind sogar in Deutschland aufgewachsen und berlinern oder sprechen mit norddeutschem Akzent.

Dimitris Tzanakopoulos spricht natürlich auch deutsch. Er ist offiziell »Generalsekretär des Premierministers«, also so etwas wie der Chef des Kanzleramtes, Tsipras' rechte Hand. Wenn irgendwo, dann laufen die Fäden der neuen Macht bei der modernen smarten Jungmännertruppe um Tsipras, Tzanakopoulos und Staatsminister Nikos Pappas zusammen. »Nicht nur, dass wir praktisch vom ersten Tag an die schwierigsten Verhandlungen führen mussten und mit dem Rücken zur Wand standen – wir sind ja das erste Mal überhaupt in einer Regierung«, erinnert er sich an die Tage, als Alexis Tsipras im Januar 2015 in die Regierungszentrale einzog. »Wir hatten null Erfahrung. Es war eine schwierige Zeit.«

Wir Linken sind ja eigentlich immer in der Opposition, denke ich laut. »Ja, das ist in unserer DNA«, lacht Tzanakopoulos. Linke haben einfach so eine Art Oppositions-Gen und erst recht als Anti-Establishment-Linksbündnis, wie Syriza eines ist, das vor acht Jahren noch bei vier Prozent lag. »Regieren und an der Macht sein sind zwei unterschiedliche Dinge«, sagt Tzanakopoulos. »Die Staatsmacht ist mehr ein Labyrinth als eine Hierarchie.« Ironischer Blick, Hemd, Jeans, Dreitagebart – in einer schicken Hipsterkneipe würde der Syriza-Stratege nicht auffallen.

In Griechenland hat Syriza in diesem Augenblick die unangefochtene Macht, als linke Partei fühlt sie sich ohnehin irgendwie in Opposition – zu »den herrschenden Verhältnissen«, »dem Neoliberalismus«, und innerhalb des europäischen Konzerts ist die griechische Regierung in Opposition zum tonangebenden Block. Sie sind oppositionelle Regierende oder regierende Oppositionelle. Das prägt ihre Identität, ihren Stil. Tzanakopoulos, Pappas, Tsipras sind die Pragmatiker unter diesen oppositionellen Regierenden.

Ohne ein gewisses Gespür für das Mögliche und ein Geschick, etwa in der Kommunikation mit der breiteren griechischen Öffentlichkeit, hätten sie es nicht so weit gebracht, und die ersten Regierungsmonate waren ein Crashkurs in Sachen »europäische Realität«, das heißt, sie haben auch einzuschätzen gelernt, welche Grenzen die jeweiligen Gegenüber haben, ob beispielsweise jemand ein potenzieller Alliierter ist oder doch ein Gegner. Gelegentlich beschleicht allerdings auch mich die Frage: Haben sie vielleicht einfach so etwas wie ein falsches Bild von den politischen Haarrissen in EU-Europa? Hätte es so sein müssen, dass sich eine Linksregierung, die fürs Erste ja nicht viel mehr will als ein klassisches sozialdemokratisch-keynesianisches Wirtschaftsprogramm, derartig isoliert? Vielleicht wäre da mehr möglich gewesen.

»Wir haben doch seit dreißig Jahren eine neoliberale Dominanz in Europa, und von der wollen wir abgehen, aber nicht nur im Inhalt, sondern auch in der Form«, erwidert Tzanakopoulos. Soll heißen: Nicht nur von der chronischen Umverteilung aller Ressourcen und Chancen von den Unterprivilegierten zu den ohnehin schon Privilegierten, sondern auch von einem Regierungsstil, der auf Entdemokratisierung, Passivierung der Bürger, auf die Umverteilung aller Macht nach oben setzt. Salopp gesagt, mehr Gerechtigkeit *und* mehr Demokratie. Wer so etwas will, meint Tzanakopoulos, der darf im neoliberalen Technokrateneuropa nicht erwarten, dass ihm potenzielle Verbündete die Türen einrennen. »Das ändert man nicht in vier Monaten, diese ganzen Politikmechanismen, die letztendlich ganze Völker entmündigen.«

Tzanakopoulos ist einer dieser klugen Linken, die wissen, was sie wollen, aber auch, dass man das in der wirklichen Welt nicht kriegt, indem man mit dem Kopf durch die Wand läuft. Später gehen wir durch das Bürolabyrinth im Obergeschoss der Villa Maximos, und da übersehe ich Tsipras fast. Vor einem Computer sitzt eine junge Frau, ihr gegenüber ein Typ im karierten Hemd, der Papiere liest. Er sieht hoch, lacht, springt auf. »Ha, dein Kanzler kommt auch diese Woche auf Besuch«, sagt er. »Der ist der Einzige, der zu uns hält, der mich wirklich unterstützt in Europa.«

Tsipras ist ein herzlicher, in Wirklichkeit aber auch ein wenig scheuer Mensch. Man spürt, dieser Mann steht unter einem dramatischen Druck. »Es ist hier alles sehr ruhig«, sagt er irgendwann unvermittelt. Und will damit wohl sagen: erstaunlich ruhig. Keine Hysterie. Keine Massendemonstrationen. Keine brennenden Barrikaden. Was ich in diesem Moment noch nicht wirklich verstehe: Der Premier weiß, dass hinter der Fassade der

Gelassenheit die Nervosität Tag für Tag steigt. Rund eine Milliarde Euro werden die Griechen am Ende dieser Woche in Panik von den Banken abgezogen haben. Es ist ein stiller Bankrun, während die griechische Ökonomie gleichsam stillsteht, solange nicht klar ist, wie die Konfrontation zwischen Gläubigern und dem Schuldner ausgeht, und gleichzeitig ist Tsipras eingezwängt zwischen den Erpressungsversuchen der Eurogruppe und den eigenen Leuten, von denen manche sogar kleine Kompromisse ablehnen.

»Wollt ihr hier den Sozialismus einführen?«

Haris Triandafilidou ist auch eine der »Deutschen« im Büro des Premierministers. Sie ist der Typ Mensch, der darunter leidet, dass der Tag nur 24 Stunden hat. Sie steht immer unter Strom, die Haare hat sie hochgebunden, sie ist dünn, und wenn sie in ihrer leicht agitatorischen Weise spricht, erinnert sie mich ein wenig an Sahra Wagenknecht, aber nur einen Augenblick, dann reißt sie wieder einen Witz, und der übertriebene Ernst löst sich in Gelächter auf. Alle paar Minuten zückt Haris ihr Smartphone – wahrscheinlich um kurz zu checken, ob die Welt schon untergegangen ist. Dann müssen wir weiter zu einer Veranstaltung des Syriza-nahen linken NGO-Netzwerks »Solidarity4all«. Im Taxi laufen Nachrichten. Ich verstehe die Worte »Merkäl« und »Apokalypse«. Im Garten der archäologischen Gesellschaft spricht ein linker Aktivist aus Ecuador unter Oleanderbäumen über »Solidarische Ökonomie«, also über Kooperativen, Genossenschaftswesen und Arbeiterselbstverwaltung. Alle lauschen, als er die Überlegung äußert, dass »die Kollektivökonomie in Ecuador in die Verfassung« kommen soll.

»Sag, wollt ihr hier eigentlich den Sozialismus aufbauen?«, frage ich Haris irgendwann. »Ja«, sagt sie in einem Ton, als wäre es völlig absurd, so etwas überhaupt zu bezweifeln. Auch Dimitris Tzanakopoulos, dem Kabinettschef, hatte ich diese Frage schon gestellt. Der antwortet etwas diplomatischer, dies »sei eine heikle Frage«, es gehe auch überhaupt nicht um Begriffe wie »Sozialismus« oder »Sonstwas-ismus«. »Zunächst wollen wir die neoliberale, konservative Hegemonie in Europa brechen.« Und dann sagt er schelmisch einen Satz, der lange in meinen Ohren klingen wird: »Die einzige Grenze ist der Himmel – the only limit is the sky!«

Es sind diese Momente, in denen ich mich bei dem Gedanken ertappe: »Sind die verrückt geworden?« Leben in dem Land, das von einer Krise verheert ist, in dem Not und Elend endemisch geworden sind, stehen an der Schwelle zum Staatsbankrott, im Merkel-und-Schäuble-Europa – und glauben, der Sozialismus winkt um die nächste Ecke? Aber sofort schiebt sich in meinem Kopf eine andere Frage vor diese Frage: Was, wenn in Wirklichkeit wir verrückt geworden sind? Wir, also die, die schon froh sind, das Schlimmste zu verhindern, wir, die wir die Panik vor der kleinsten Veränderung haben, ja vor der kleinsten verwegenen Idee. Plötzlich bin ich mir nicht mehr so sicher, wer spinnt.

Griechenland als Laboratorium

Syriza ist ein Projekt mit offenem Ausgang. Als Mitglied der Eurozone und abhängige Schuldnernation ist Griechenland praktisch den Brüsseler Diktaten ausgeliefert. Es prallen hier in gewissem Sinne zwei »Experimente« aufeinander. Das Experiment des technokratisch-autoritären Regierens, wie es immer mehr zum Modus in Europa wird, und andererseits ein linkes Experiment, das erproben will, wie Widerstand und wie soziale und demokratische Reformen in der Gegenwart aussehen könnten. Diese beiden Experimente stehen sich spinnefeind gegenüber. Für manche ist das Experiment Syriza schon mit Tsipras' Einlenken im Juli 2015 gestorben, da dies einer »Kapitulation« gleichkäme, wie sie meinen. Die Partei hat sich daraufhin gespalten. Dennoch hat Tsipras ein paar Wochen danach völlig unerwartet die vorgezogenen Neuwahlen mit überwältigender Mehrheit gewonnen. Ja, Syriza hat Federn lassen müssen. Aber sie ist noch immer das Role Model einer erfolgreichen Linkspartei im Westeuropa des 21. Jahrhunderts.

Griechenland selbst ist ein Laboratorium. Man könnte beinahe sagen: An den Griechen wurde wie an menschlichen Versuchskaninchen ein Experiment vollzogen – und dass sie infolgedessen die linke Syriza-Partei gewählt haben, ist selbst nur eine Folge dieses Experiments. »Europa benutzte Griechenland als Versuchskaninchen, um die Möglichkeiten für die Restrukturierung des Spätkapitalismus in der Krise zu testen. Was die europäischen Eliten aber nicht erwartet hatten, ist, dass das Kaninchen das Laboratorium besetzt, den blinden Forscher rauskickt und ein neues Experiment angeht: das der Selbsttransformation zum politischen Subjekt«, schreibt der radikale Philosoph Costas Doucinas.

Griechenland ist eines der schwächsten Glieder, an denen die kapitalistische Kette gebrochen ist – so wie auf andere Weise die USA nach dem Lehman-Fiasko und der Subprime-Krise, so wie Spanien nach dem Platzen seiner eigenen Immobilienblase, so wie Irland nach dem Bankencrash, so wie Island nach seiner Staatspleite. Diese Länder erlebten einen dramatischen Absturz, aber das heißt nicht, dass es in den anscheinend noch stabilen Ländern keine Krise gibt. Im Gegenteil: Der westliche Kapitalismus ist gewissermaßen auf Emergency Life Support. Die einen versuchen mit Konjunkturprogrammen und Abermilliarden an Zentralbankgeld den Wirtschaftsmotor wieder flottzumachen, andere verhängen drakonische Sparmaßnahmen, in nächtlichen Notsitzungen werden Rettungsschirme gespannt, und im Grunde versuchen alle Akteure, nur mehr über die nächsten Jahre – oder auch nur Monate – zu kommen.

Demokratie wird in einem gewissen Sinne abgeschafft, etwa wenn EU-Finanzminister ihre Direktiven ausgeben, an die sich dann alle zu halten haben – in Notlagen ist ja keine Zeit für langes Diskutieren. Da reiten dann Troikas ein und erteilen Befehle. Aus dem liberalen, demokratischen Rechtsstaat wird der autoritäre Etatismus, eine Demokratie ohne Bürger, in der graugesichte Eliten mehr und mehr per Ukas das durchsetzen, was aus ihrer Sicht nötig ist, um die kapitalistische Maschine vor dem Kolbenreiber zu retten. »Marktkonforme Demokratie« hat das Angela Merkel in einem Moment der Ehrlichkeit genannt.

Ein wenig erinnert das kopflose Agieren der politischen Eliten an den Kalenderspruch: »Es lief alles nach Plan. Nur der Plan war Mist.« Oder wie es ein amerikanischer Wirtschaftswissenschaftler formulierte: »Wenn wir die falschen Methoden anwenden, die aus falschen Theorien erwachsen, dann brauchen wir uns nicht zu wundern, wenn falsche Resultate rauskommen.« Die Fäden all dessen laufen im Rat der Finanzminister der Eurozone zusammen, der sogenannten »Eurogruppe«. Die ist so etwas wie der Oberste Sowjet des europäischen Neoliberalismus und genauso abgehoben, genauso intransparent, genauso wirklichkeitsfremd wie das Leitungsgremium des früheren UdSSR-Pseudokommunismus.

Zwischen Bewegung und Regierung

Tessaloniki. Katerina Notopoulou schlägt vor, dass wir am Abend eine Versammlung im staatlichen Rundfunk ERT besuchen, ein Vorschlag, der mir sehr gefällt, da ich in der Woche zuvor schon in Athen bei der Feier zur Wiedereröffnung des Senders war. Eine große Party, Menschenmengen drängten sich zwischen den Sträuchern, Minzgeruch lag in der Luft. Ein kommunistischer Agitator hielt auf der Ladefläche eines Kastenwagens eine Rede, unzählige linke Kleingruppen verteilten Flugblätter und Broschüren. Straßenhändler machten mit Bier und Spießen ihr Abendgeschäft. Vor dem Eingang zum Fernsehgebäude war eine Bühne aufgebaut, ein Symphonieorchester spielte Verdi-Opern. Es war ein großer Feiertag für das Griechenland, das sich gegen die Sparpolitik wehrt, weil der Kampf um den öffentlich-rechtlichen Sender zu einem Symbol geworden ist.

Die alte Regierung hatte ihn von einem Tag auf den anderen abgedreht, aber die Redakteure hatten einfach weitergearbeitet und ihre Sendungen über das Internet verbreitet. Schließlich ging der Sender wieder on air. Als Neugründung mit weniger Leuten, als echter freier öffentlich-rechtlicher Sender, wie alle hoffen. Hier in Thessaloniki, wo der Sender ERT3 beheimatet ist, ist alles eine Nummer kleiner und die Stimmung gar nicht mehr so gut. Und ich verstehe jetzt auch besser, worum es eigentlich geht.

Nachdem die alte Regierung den Sender zugesperrt und ein Teil der Redakteure einfach in Eigenregie weitergearbeitet hat, wurde aus dem einstigen Staatsfernsehen nicht nur ein freier Sender, er wurde auch ein wilder Sender. Linke Aktivisten und normale Bürger haben die Fernsehleute bei der Arbeit unterstützt, manche von ihnen haben auch gelernt, Sendungen zu machen. Es war wirklich eine Art Bürgerfernsehen geworden – ohne jede Rechtsgrundlage, was aber auch egal war, solange die Regierung nicht den Strom kappte. Da die neue Syriza-Regierung nun den Staatssender wieder in Betrieb nahm, braucht es auch wieder so etwas wie geregelte Verhältnisse. Die Leute aus den Bewegungen haben Angst, dass ihnen der Sender nun wieder aus der Hand genommen wird.

In dem Eckhaus, aus dem der Sender überträgt, fehlt es an allem, vor allem aber an Platz: In kleine Kämmerchen zwängen sich die Redakteure, einige arbeiten im Hof in Baracken. Die Schneidetische machen ein wenig den Eindruck, als wären sie nur von Tesaband zusammengehalten. Der Verwaltungschef sitzt im Gang auf einer Couch, die auch schon bessere Tage gesehen hat.

»Na, du bist doch dieser Videoblogger«, sagt ein Mann in breitestem Schwäbisch, als ich mich wieder durch die Tür beim Eingang zwängen will. Es ist Athanasios Marvakis, und es stellt sich heraus, er ist Professor für Sozialpsychologie an der Aristoteles-Universität und war selber in der Solidarität mit den Redakteuren sehr aktiv. Er hat für das Vorgehen von Syriza sowohl Verständnis als auch Kritik übrig. »Klar, sie haben nicht die absolute Mehrheit, und deshalb müssen sie auch die anderen Parteien zufriedenstellen. Außerdem brennt es eh an allen Ecken, somit wollen sie keine zusätzlichen Problemzonen. Man kann das durchaus verstehen.« Ein rebellischer Bürgersender werde jetzt also wieder zu einem Sender, in dem einfach zwei Chefs das Sagen haben.

»Natürlich muss man wieder eine regelförmige Struktur einfügen, aber das Problem ist, dass man in Griechenland überhaupt keine Kultur und kein Wissen darüber hat, wie man die Zivilgesellschaft an der Leitung eines öffentlich-rechtlichen Senders beteiligen kann. Diese klassischen Strukturen, wie man sie etwa in Deutschland hat, wo die Landesrundfunkanstalten der ARD Programmbeiräte haben, in denen die Kirchen genauso vertreten sind wie die Gewerkschaften und Parteien, so etwas kennt man hier gar nicht. Nicht, dass das das Gelbe vom Ei wäre, aber es wäre immerhin eine mögliche Form, einen Rundfunk zu etablieren, der staatlich ist, aber aufgrund der öffentlich-rechtlichen Organisationsform auch relativ unabhängig vom direkten Zugriff der Regierung.«

Es ist beinahe so, als wenn sich nach Revolutionen eine Art von Ordnung etabliert und sich die Revolutionäre von der Regierung ausgebootet fühlen und darunter leiden, dass die Zeit des Chaos, die ja auch eine Zeit der wilden Freiheit war, zu Ende geht – nur dass wir es hier nicht mit einer Revolution zu tun hatten, sondern mit einem vordergründig normalen Regierungswechsel. Das Alte funktioniert nicht mehr, aber das Neue ist noch nicht gefunden. Irgendwie gilt das aber natürlich für so ziemlich alles in Griechenland.

Die verunsicherte Revolution

Es ist schon nach acht Uhr abends, aber meine Füße fühlen sich in den Lederstiefeln an, als würden sie langsam gegart. Zugegebenermaßen nicht die beste Schuhwahl bei 36 Grad. Einige Wochen sind vergangen, seit ich im Frühsommer die zarten Pflänzchen des »griechischen Frühlings« inspiziert habe. Ich schleppe mich die Tsakalof-Straße hoch, die aus dem schicken Regierungsviertel Kolonaiki über die Hügel von Athen erst hoch- und dann runterführt ins Hipsterviertel Exarchia mit seinen Anarchoschuppen und seinem schicken Grind-Factor.

Und wie ich mich da gedankenverloren hochschleppe, fällt es mir in die Augen, dieses Buch, in einem Schaufenster kaum über dem Straßenniveau: George Orwell, »Mein Katalonien«, wobei das Buch im Original ja »Homage to Catalonia« heißt, aber es ist auch eine Art »Abschied von Katalonien«, Abschied von einer Revolution, die an sich selbst gescheitert ist. Seit Tagen schon habe ich eine Passage aus einer anderen großen politischen Reportage Orwells im Ohr, die mir einfach nicht aus dem Kopf gehen will: »Linke Regierungen sind für ihre Anhänger fast immer enttäuschend.«

Für Orwell war das eine nüchterne Beobachtung und nichts, was er irgendjemanden vorwarf, schon gar nicht den Regierungen allein. Wenn schon, dann richtete sich Orwells Satz gegen die überzogenen Erwartungen und die Reinheitsideen der Anhänger, die glauben, alles könne den geraden Weg gehen, man könne in der wirklichen Welt ohne Kompromisse vorankommen, die die halben Sachen und auch die Ausweichmanöver ihrer Premiers und ihrer Genossen in Ministerämtern nicht akzeptieren können.

Linke Regierungen sind für ihre Anhänger immer enttäuschend. Auch die Syriza-Regierung hat ihre Anhänger einem Schock ausgesetzt. Mit dem Brüsseler Diktat, von Wolfgang Schäuble und der Eurogruppe orchestriert, wurde auch die Hoffnung in Griechenland ziemlich grob ausgeknipst. In den ersten fünf Monaten der Syriza-Regierung war das Land elektrisiert von einer Art Aufbruchsstimmung: dass jetzt alles anders werden kann; dass jetzt die jungen modernen Leute in der Regierung sitzen; dass jetzt die Fenster aufgemacht werden und Luft hereinkommt. Denn es waren ja bei weitem nicht nur die Linken oder Parteigänger oder die Wähler der Syriza-Partei von dieser Hoffnung angesteckt. Auch junge liberale Leute etwa waren davon nicht unberührt. Man sprach schon vom »griechischen Frühling«. Ja, das Land mag am Abgrund stehen, aber jetzt kann es auch eine neue Zukunft geben – so in etwa war die Stimmung.

Es waren zwei Faustschläge, die dieser neuen Zuversicht ein Ende setzten. Zunächst die brutale Reaktion der europäischen Partner nach der Ausrufung des Referendums Ende Juni. Die Europäische Zentralbank fror die Liquiditätshilfen für die griechischen Banken ein. Die Banken mussten schließen, Kapitalkontrollen wurden verhängt. Praktisch die gesamte griechische Wirtschaft kam zum Erliegen, als wäre sie von einem Augenblick zum nächsten tiefgefroren worden. Der zweite Faustschlag war das brutale Diktat von Brüssel, das dritte Bailout-Programm, dessen Bedingungen Alexis Tsipras nach einer durchgekämpften Nacht schließlich grosso modo akzeptieren musste.

Danach herrschte erst einmal Aufruhr in seiner Partei. Wenn es so etwas wie eine Revolution in Griechenland gab, dann war das jetzt eine verunsicherte Revolution. Ein verunsichertes Land. Erst zerfiel die Parlamentsfraktion der Partei, sodass der Premier keine Mehrheit mehr hatte, danach spaltete sich Syriza. Etwa zu der Zeit traf ich Yanis Varoufakis, der gerade als Finanzminister zurückgetreten war, in Athen.

»Na, raus aus der Tretmühle?«, frage ich ihn halb im Scherz. »Nein, immer noch vier Termine pro Stunde, aber wenigstens kann ich nachts schlafen«, gibt er lachend zurück.

»Ist der griechische Frühling jetzt zu Ende?«, frage ich ihn.

»Eine ökonomische Krise führt zur Instabilität des politischen Systems und meist nicht gerade in eine Richtung, die man sich als Progressiver wünschen kann«, sagt Varoufakis. »In den vergangenen fünf Jahren hat es Syriza aber geschafft, diese Gefahr in eine kreative progressive Kraft zu verwandeln. Nun, da Syriza gedemütigt wurde, indem man der Regierung ein Abkommen aufgezwungen hat, das unmöglich funktionieren kann, jetzt also stehen wir vor der unmöglichen Aufgabe, weiter als progressive kreative Kraft zu wirken und gleichzeitig diese Maßnahmen umzusetzen, die die Ökonomie abwürgen. Ich hoffe, ich liege falsch. Aber ich glaube nicht, dass irgendetwas Progressives aus der gegenwärtigen Situation unter diesem Programm folgen kann. Dieses Programm ist wie extra dafür geschaffen, alle Chancen zur Erholung zu sabotieren.«

»Was bist du denn jetzt eigentlich?«, frage ich Varoufakis. »Oppositioneller? Dissidenter Alliierter von Tsipras? Oder was?«

»Ich möchte eine vereinigende Rolle spielen. Wir sollten unsere Einheit behalten, gegen alle Unbill, bei allen Meinungsverschiedenheiten, die wir haben. Wir sind in eine Ecke gedrängt worden, das ist eine Schande für Europa, nicht für uns. Europa muss sich harte Fragen gefallen lassen, Fragen, die von der europäischen Geschichte in der Zukunft gestellt werden. Wir müssen unsere Einheit behalten, um die Hoffnung aufrechtzuerhalten. Und wir müssen auch einsehen: In dieser Ecke gibt es keine guten Entscheidungen. In solchen Momenten sind alle Argumente richtig und falsch zugleich. Der Premierminister hat recht mit seinem Argument, dass er im Amt bleiben und kämpfen will. Auf der anderen Seite ist mein Argument ebenso richtig, dass ich recht hatte zurückzutreten. Wir sollten unsere Argumente respektieren angesichts dieser unmöglichen Alternativen, vor denen wir standen. Ich bin nicht ›revolutionärer‹ oder ›linker‹ als Tsipras, und ich glaube auch nicht, dass Tsipras ›verantwortungsvoller‹ ist als ich. Das soll jede Seite respektieren.«

Und welche Rolle wolle er künftig spielen? Vielleicht sogar die des großen Redners, der jetzt auch freier sprechen kann, um durch Europa zu tingeln und die Allianzen zu schmieden, die ja ganz offenbar in den vergangenen fünf Monaten vernachlässigt wurden?

»Ich würde sehr gern diese Rolle spielen. Ich bin bereit, keinen Stein unbewegt zu lassen bei der Suche nach Allianzen und Verbündeten. Wir brauchen eine paneuropäische Allianz zur Demokratisierung Europas und zur Beendigung einer makroökonomischen Politik, die uns alle zurückwirft, die schädlich und behindernd ist und wirtschaftliche Chancen im Norden und im Süden Europas verspielt.«

Noch immer ist Varoufakis ein Star in Griechenland. Nicht nur wegen der »Radical Chic«-Aura, die ihn zweifellos umgibt, sondern auch, weil er ein genialer Kommunikator ist, der die kurz- und langfristigen Ziele progressiver Politik in überzeugende Argumente packen kann. Diese Fähigkeit ist natürlich ein Produkt von intellektueller Schärfe und Klarheit, gepaart mit einem überbordenden Selbstbewusstsein, dessen Kehrseite gewiss auch ein Übermaß an Rigidität ist, die Unfähigkeit, sich geschmeidig und ein wenig opportunistisch an die Realität anzuschmiegen, wenn man merkt, dass man nicht alles auf einmal bekommt. Tsipras wird sich insofern freuen, ihn los zu sein und nun einen pragmatischeren Charakter wie Euclid Tsakalotos an der entscheidenden Stelle sitzen zu haben, aber zugleich wird ihm Varoufakis als intellektueller Kommunikator fehlen.

Tsipras und Syriza haben eine Art von »Etappenschlappe« hinnehmen müssen – so wie bei der Tour de France auch ein Etappensieg nur ein Etappensieg ist, aber eben noch nicht mehr. Nach dem überraschend klaren Wahlsieg danach stellt sich umso mehr die Frage: Was wird aus diesem Premier? Aus seiner Partei? Aus dem linken Projekt in Griechenland? Und die Frage steht im Raum: Kann in einer immer autoritärer regierten technokratischen Europäischen Union überhaupt links regiert werden? Ist das überhaupt erlaubt?

Die Greekonomy – Kooperativen, Start-ups, Genossenschaften, Sharing-Wirtschaft

Mit Giorgos Goniadis sitze ich in einer Taverne in Krini am Rande von Thessaloniki. Goniadis ist ein junger Mann Ende zwanzig, Brille, Vollbart, kariertes Hemd. Er ist einer dieser jungen Menschen voller Energie, der will, dass in dem krisengebeutelten Griechenland endlich etwas vorangeht. Er ist halb politischer Aktivist, halb Businessman und voller Idealismus. »Wir brauchen ehrliche Stimmen in der Politik, an denen fehlt es uns.« Er ist nicht wirklich ein Syriza-Fan, aber noch weniger ein Syriza-Gegner. »Ich liebe Politik«, sagt er. Und fügt hinzu: »In der Theorie.« Er lacht. Soll heißen: Die Praxis ist dann doch abstoßend. Er fürchtet, dass die Syriza-Regierung die Wünsche, die auch er an sie hätte, nicht erfüllen wird – also die Sehnsucht nach einer, nennen wir es einmal: »linksliberalen Modernisierung«. Aber Giorgos hat ohnehin ein Lebensmotto: »Wenn ich es nicht ändere, ändert sich nie etwas.«

Also beginnt er einfach, Dinge zu ändern. Als junger Mann ohne Job, aber mit etwas Erspartem auf dem Konto habe er sich Folgendes gedacht, erzählt er: »Ich kann jetzt vom Ersparten leben, aber dann ist es sehr bald aufgebraucht.« Also hat er einfach ein Unternehmen gegründet. Sein Unternehmen »Papigion« (www.papigion.gr) produziert Herrenfliegen, diese Mascherl, wie wir Wiener sagen, die der gepflegte Herr zum Smoking trägt oder der Geek zum bunten Hemd. Langsam baut sich Goniadis eine Kundschaft auf. »Für mich war es zu Beginn ein Spiel, ein Abenteuer.«

Aber das Abenteuer funktioniert. Natürlich macht seine Firma noch keine nennenswerten Gewinne, eine Krankenversicherung kann er sich von seinen Einnahmen noch immer nicht leisten, und jede Steuererhöhung ist ein herber Rückschlag für seinen Business-Plan. Aber die Dinge laufen doch ganz gut. Darüber hinaus will Goniadis nicht einfach nur ein Unternehmen hochziehen, sondern auch etwas beweisen: »Alle meine Stoffe sind beste Qualität aus lokaler Produktion. Schneidern lasse ich nur bei lokalen Nähereien. Ich verpflichte mich gegenüber meinen Kunden, dass die Investitionen immer in die lokale Ökonomie fließen. Denn nur so können wir die griechische Wirtschaft wieder flottbekommen. Und außerdem spare ich Transportkosten, und meine Waren haben auch einen nachhaltigen ökologischen Fußabdruck.«

Es ist eine Idee. Eine kleine nur. Aber eine Idee, die schon etwas verändert. Der junge Unternehmer hat ein Einkommen. Seine Zulieferer haben ein Einkommen. Und, wer weiß, vielleicht werden seine Fliegen ja einmal ein großer Hit am globalen Markt.

Es gibt viele solcher kleinen Initiativen. Goniadis erzählt mir von der Verbraucherinitiative »Bios Coop«, einem genossenschaftlichen Laden in Thessaloniki, dessen Betreiberkollektiv nur mit Bauern und Zulieferern aus der Umgebung zusammenarbeitet. Das schafft direkt Jobs in den Verkaufsläden und indirekt Jobs in der Landwirtschaft, fördert die Umstellung auf ökologisch hochwertige Produkte und sorgt zudem dafür, dass die schwindende Kaufkraft der Griechen nicht auch noch an Multis wie Nestlé fließt. All diese Dinge haben keine großen Wirkungen, aber kleine positive Wirkungen, die sich dann zu großen positiven Wirkungen summieren können. »Kooperativen wie Bios Coop können der Krise besser trotzen als normale Firmen«, heißt es in einer Art Consulting-Studie der Universität Thessaloniki.

Ein paar Tage später, weit draußen im Industriegürtel von Thessaloniki. Dimitris lugt durch das provisorische Guckloch eines notdürftig zusammengeschraubten Aluminiumtores und lacht auf. »Kommt rein«, sagt er. Dimitris ist einer der Arbeiter von VIOME, vielleicht einer der berühmtesten griechischen Fabriken. Denn VIOME war eine Baumaterialfirma, die von ihren Eigentümern geschlossen werden sollte. Die Arbeiter sind dann in den Streik getreten, haben ihre Fabrik besetzt und nach einiger Zeit beschlossen, sie in Eigenregie weiterzubetreiben.

Aber sie haben noch viel mehr als das getan. Denn die Baustoffproduktion – Zement, Estrich etc. –, war erstens gegenüber den produktiver erzeugten ausländischen Konkurrenzprodukten ohnehin nicht mehr wettbewerbsfähig, und außerdem ist der Markt für Baumaterialien zusammengebrochen, da in der Krise kaum jemand mehr ein Haus baut. Also sind linke Wissenschaftler beigesprungen und haben eine Marktanalyse erstellt. Simpel gesagt: Sie haben sich überlegt, mit welchen Produkten die Firma eine Chance hätte und welche davon ohne große Investitionen mit dem vorhandenen Krempel hergestellt werden könnten. »Sie sagten uns, wir sollten am besten hochwertige Naturprodukte herstellen«, erzählt Dimitris.

Heute produzieren die VIOME-Arbeiter ökologische Reinigungsmittel und Seifen. Von den rund sechzig Arbeitern, die früher bei VIOME beschäftigt waren, sind noch 21 übrig. »Wir können überleben. Gerade noch überleben.«

In großen Trögen werden die Reinigungsflüssigkeiten zusammengerührt und mit Lavendel- oder Palmöl angereichert. Die Putzmittel werden in Plastikflaschen gefüllt, in der riesigen Werkhalle, von der die Arbeiter heute nur mehr ein kleines Eck benötigen, stapeln sich Tausende Seifen, die darauf warten, an die Konsumenten ausgeliefert zu werden. An einem Tisch steht einer der Arbeiter und klopft mit einem Hammer und einer Art Prägestempel das VIOME-Logo in eine Seifen-Palette. Er hält inne, als ihn Katerina auf den Seifenverschnitt, also die kleinen Seifenstücke am Boden, anspricht. Sie hat spontan die Idee, dass die kleinen Stücke doch gesammelt und an die Flüchtlinge aus Syrien und Afghanistan verteilt werden könnten. Die Arbeiter sind Feuer und Flamme für diesen Einfall und füllen gleich einen Sack voll, den sie noch heute zu den Flüchtlingen bringen wollen.

»Wir sind hier alle gleich. Keiner ist der Chef, und alle

kriegen den gleichen Anteil von den Einnahmen.« Noch hapert es mit der Distribution. Die Seifen werden bei Solidaritätsfesten oder von den Arbeitern selbst auf Märkten verkauft. Klar, es gibt auch Exportnachfrage. Gerade eben wird wieder eine Kiste fertig gemacht, die nach Graz verschickt werden soll. Alles noch keine großen Sachen. Dabei wären die VIOME-Produkte in den Bioläden in unseren Breiten sicher wahre Renner – ökologisch korrekt und auch noch von kämpferischen Arbeitern im selbst verwalteten Betrieb hergestellt, das würde sich die zeitgenössische Latte-macchiato-Society doch einiges kosten lassen, geht durch meinen Kopf.

Vielleicht liegt die Zukunft der griechischen Ökonomie ja zumindest teilweise in Produktionsstätten wie diesen, die für einen lokalen Markt und für eine qualitätsbewusste Käuferschicht im Ausland produzieren. Denn mit Mercedes werden griechische Firmen allein der Produktivität wegen und mit chinesischen Billigprodukten schon des Preises wegen nicht so bald konkurrieren können. Die griechische Wirtschaft muss sich ihre Nischen suchen. Wie sagte Giorgos Goniadis so schön? »Wenn ich es nicht ändere, ändert sich nie etwas.« Wie es scheint, ist der hippe Start-up-Gründer von den schnauzbärtigen Proletariern von VIOME gar nicht so weit entfernt.

Do-it-yourself-Ökonomie

»Du kannst deine Rechnungen nicht bezahlen, die Gehälter kannst du auch nicht zahlen«, sagt Maria Calafatis. »Das kann man zwei, drei Wochen durchhalten. Aber wie soll man das länger durchhalten?« Als ich die beiden im »Cube«, dem Co-Working-Space für zwei Dutzend Start-ups im hippen Athener Stadtbezirk Exarchia besuche, hatten die Banken gerade erst wieder seit ein paar Tagen geöffnet – aber die Wirtschaft war noch in der Schockstarre, in die sie die Kapitalkontrollen des Sommers versetzt hatten.

Die meisten Kapitalkontrollen waren ohnehin noch in Kraft – und viele sind es bis heute. Wer Geld ins Ausland überweisen will, der muss eine lange Prozedur auf sich nehmen. Unternehmen müssen bei einer Bank-Transaktions-Genehmigungsstelle einen Antrag stellen, selbst wenn sie nur die kleinsten Rechnungen bezahlen wollen. Wer Importgüter braucht, seien es Nahrungsmittel für die Supermärkte oder Rohstoffe für Fabriken, der muss sich auf einer langen Liste einschreiben und dann ein paar Wochen lang hoffen, dass er irgendwann dran ist. »Wir konnten nicht einmal Server bestellen«, sagt Dimitris, der für eine britische Tech-Firma arbeitet und gerade an einem Auftrag der British Telecom werkt.

Dabei darf man sich Leute wie Maria Calafatis und ihren Kompagnon Stavros Messinis nicht als Leute vorstellen, die zur Depression neigen. Vor sieben Jahren haben sie ihren ersten Coworking Space eröffnet, der schnell aus allen Nähten platze, sodass sie nun das ganze Bürohaus in der Klisovis-Straße bespielen. Über das Niveau der bemühten Tech-Bastelei ist die Initiative längst hinaus. So residiert im obersten Stockwerk die Venture-Capital-Firma »Openfund« des VIP-Ökonomen Aristos Doxiadis, der Investorenkapital aus der ganzen Welt in die junge Start-up-Szene lenkt. Auch Anwälte und

Notare sind Teil des Netzwerkes, die jungen oder ausländischen Unternehmen den Weg durch den Bürokratie-Dschungel bahnen.

»Die Krise ist nicht nur schlecht«, sagt Maria Calafatis mit dem milieutypischen Elan. »Sie hilft, Leute aus der Komfortzone zu bringen.« Früher, so erzählt sie, war das große Lebensziel der Griechen, einen sicheren Job beim Staat zu bekommen. Riskantes Unternehmertum wurde dagegen eher als Sache für Halbwahnsinnige angesehen. Das beginne sich zu wandeln. Heute kommen Eltern mit ihren Kindern zu den Workshops im »Cube«, weil klar ist, dass Jobs in der IT-Branche viel bessere Zukunftsaussichten haben als in den klassischen Branchen. Man merkt, dass Maria diese Geschichte schon oft erzählt hat. Sie spult sie nicht routiniert im Sinne von gelangweilt ab, aber mit diesem professionellen Engagement, das Leute mit einer Mission und einem langen Atem sich antrainieren, die gewohnt sind, Investoren überzeugen, bei Bürokraten die Tür öffnen zu müssen, und die auch versuchen, langsam, Schritt für Schritt, eine Idee in den Köpfen von Leuten zu verankern, die sie zunächst einmal für Nonsens halten. Die Idee, dass man mit neuen, unkonventionellen Konzepten die ökonomischen Probleme Griechenlands in den Griff bekommen kann.

Im Erdgeschoss basteln ein paar IT-Jungs aus Spanien an Bitcoin-Bankomaten. Die virtuelle Währung hat gerade recht viel geholfen, weil sie von den Kapitalkontrollen nicht erfasst ist, aber in Euro transferierbar – damit konnten Überweisungen getätigt werden, die ansonsten nicht möglich gewesen wären. Das Virtuelle und das Nicht-Virtuelle gehen im »Cube« die schönsten Kombinationen ein, wie überhaupt in der Start-up-Szene.

So haben viele junge Leute die Stadt verlassen, haben auf den Feldern von Mama, Papa, Oma oder Opa Ökolandwirtschaft aufgezogen, stellen High-Class-Produkte her, die dann wiederum über die neuen Dienstleistungskanäle vertrieben werden. Manche machen derweil fette Geschäfte bis nach Dubai.

Es ist ein weit verbreitetes, aber falsches Urteil, dass es überhaupt nichts in Griechenland gäbe, das ›*wettbewerbsfähig*‹ wäre. »Die Griechen verdienen mit der Entwicklung von Apps heute schon mehr Geld als mit dem Verkauf von Olivenöl«, wendet Christos Katsioulis ein, der Chef der Athener Außenstelle der Friedrich-Ebert-Stiftung. Schon vor zwei Jahren, erzählt Katsioulis, hat seine Stiftung eine Studie herausgebracht, die »zehn Hoffnungsschimmer für die griechische Wirtschaft« aufzählte, wozu der High-Tech-Bereich genauso gehört wie die Ökostrombranche, die Qualitätslandwirtschaft und natürlich der Tourismus.

Europas Regime des autoritären Regierens

Athen ist eine Stadt mit vielen Gesichtern. Da sind die heißen Vorstädte, durch die sich auf breiten Boulevards die Blechlawinen schieben, da sind die räudigen großstädtischen Hipsterviertel wie Exarchia, da ist sind die imposanten Großbürgerbezirke in der Innenstadt, und nur ein paar Meter weiter ist man dann schon wieder in kleinteiligen Gegenden, in denen einstöckige Häuser dominieren und in denen Künstler, Lebenskünstler, chinesische Kleinhändler genauso leben wie griechische Ladenbesitzer und ganz normale Leute, Vierteln wie das um die Metrostation Agion, die in ihrer Kleinstädtischkeit ein wenig an Brooklyn erinnern. In der Sarri-Straße fügen sich großflächige Graffitis zur Athener »Street Art Galery«, und hier hat auch das »Nicos Poulantzas Institut« seinen Sitz. Das Poulantzas-Insitut ist die Parteiakademie von Syriza, gewissermaßen das Tummelbecken der Parteiintellektuellen.

Ich bin hier mit Einstein verabredet. Einstein heißt natürlich nicht wirklich so, sondern sieht mit seinen halblangen gelockten weißen Haaren und seinem Seehundsschnauzbart nur wie der geniale Physiker aus. Im echten Leben heißt er Haris Golemis, ist Direktor des Instituts, einer der führenden Denker von Syriza und außerdem Mitglied des Zentralkomitees, also gewissermaßen des Parteivorstandes. Haris ist in Grüblerlaune, denn es ist ihm sonnenklar, dass jetzt eine neue Seite in der Geschichte von Syriza aufgeschlagen wurde, von der noch niemand weiß, wie die Geschichte lauten wird, die darauf geschrieben stehen wird. Klar ist nur, die Partei muss einiges anders machen als in den vergangenen fünf Monaten. »Vielleicht sind wir Opfer einer Fehlkalkulation geworden«, sagt er. »Wir haben unsere Möglichkeiten überschätzt, innerhalb der Eurozone ein Antiausteritätsprogramm zu verwirklichen. Und wir unterschätzten wohl auch die Machtverhältnisse und die hegemoniale Rolle Deutschlands. Vielleicht steht uns auch unsere Rhetorik im Weg, genau die Rhetorik, die uns an die Regierung gebracht hat. Vor allem aber«, fährt er fort, »wir hätten nie gedacht, ja, das sage ich ganz offen, wir hätten nie gedacht, dass unsere EU-Partner am Ende der Verhandlungen sagen würden: ›Entweder ihr kapituliert bedingungslos, oder wir zerstören euer Land.‹«

Mit der Metro fahre ich raus nach Pirräus, zum Hafen, springe ins Taxi nach Pirreiki, dem alten Küstenort, keine halbe Stunde braucht man von der Stadtmitte Athens bis an den Strand. Ich sitze auf dem Felsen und denke über diese eigentümlich verwirrte Revolution nach, die natürlich keine Revolution ist, sondern ein Aufbruch, der Versuch, in Europa etwas ganz anders zu machen. Zugleich ist die Auseinandersetzung um Griechenland eine exemplarische geworden, etwa ein Exempel dafür, wie sich in Europa ein Regime des autoritären Regierens durchsetzt, wie mehr und mehr durch Ukas und Drohung, mit einem Regime der Angst agiert wird, mit Ultimaten und »Friss oder Stirb«, mit Einschüchterung und Angst vor der Katastrophe, mit dem erklärten Ziel von Eurogruppenstrippenziehern, unliebsame Regierungen, aber einfach auch nur widerspenstige Bürger zu disziplinieren und diese die Konsequenzen spüren zu lassen, wenn sie die Unverfrorenheit haben, die Falschen zu wählen. Das erwies sich in Griechenland jetzt in seiner krassesten Form.

Wenn aber bei anderer Gelegenheit die Premiers Europas von einer nächtlichen Notsitzung zurückkommen, und ihren Parlamenten sagen, sie müssten nun sofort zustimmen, sonst ginge die Welt unter, ist das bloß eine geringfügig sanftere Weise dieses Regierungsstils, der die Demokratie unter die Räder kommen lässt. Es ist eine Demokratie fast ohne Parlamentarier und eine Demokratie ohne Bürger sowieso.

Diese schwarze Utopie des autoritären Durchregierens

von oben nach unten, diese Dystopie, die neuerdings mit dem Namen von Wolfgang Schäuble verbunden wird, aber natürlich weit mehr als dessen privat-politischer Spleen ist, hat sich in dem griechischen Drama in ihrer Reinkultur gezeigt, in aller Offenheit und Unverfrorenheit, aber sie ist natürlich nichts, was nur den Griechen blüht. Wir, die Europäer, wir alle sind damit gemeint. Oder, um Ernst Bloch zu paraphrasieren: es ist eine »Entstellung zur Kenntlichkeit«, die Enthüllung des wahren Charakters des zeitgenössischen Regierungsstils im Kapitalismus der Dauerkrise.

In diesem Kapitalismus fühlen sich die herrschenden Eliten immer seltener gezwungen (oder auch: immer seltener in der Lage), durch positive Botschaften die Bürger bei der Stange zu halten, mit Hilfe des Konsens zu regieren. Der Krisenkapitalismus wird zum »autoritären Etatismus«, wie ihn schon Nicos Poulantzas analysiert hat, diese Legendenfigur unter den griechischen linken Theoretikern, der Zeitgenosse und Debattenpartner von Foucault und Althusser, dem die Parteiakademie von Syriza auch ihren Namen verdankt.

Es gehört zu den Eigentümlichkeiten dieses zeitgenössischen Regierungsstils, dass er für gewöhnlich auf sanften Pfoten daherkommt, sich mit der Aura des Technokratischen zugleich großtut und kleintut. Großtut, indem er sich als die einzige moderne Form verwalterischer Politik imaginiert und alle andere Politik als »unmodern« zu diskreditieren versucht, kleintut, indem er sich als Kleinkunst des Möglichen darstellt, ohne große Vision oder irgendsolche Dinge für Phantasten. Dieser Technokratismus ist die eigentliche Ideologie, und die vorherrschende Moral der Eliten ist der Zynismus.

Es ist kein Wunder, dass gerade dieser Politikstil mit dem Stil von Syriza kollidieren musste, dass gerade dieser Politikstil die Syriza-Leute als »Populisten« zu diskreditieren versucht. Die technokratische Logik ist keine alternative politische Logik, sondern sie ist eine unpolitische Logik, die den Wählern keinen Platz mehr in der politischen Arena zugesteht, sondern über stumm gemachte Bürger herrscht.

Das begründet die seltsame Verwandtschaft des Pragmatismus mit dem Autoritarismus. Der Pragmatismus braucht keine Bürger, die sich beteiligen, weil die nur stören würden. »Wir müssen Populismus als den Weg betrachten, die Einheit einer Gruppe erst zu konstituieren«, schreibt der jüngst verstorbene argentinisch-britische Philosoph Ernesto Laclau in seinem Buch »On Populist Reason« (»Über populistische Vernunft«). Das Volk, das der Populismus adressiert, existiert nicht bereits, es wird durch ihn erst erschaffen. Oder zusammengeschweißt, um es salopp zu sagen. Der Populismus spricht nicht alle Bürger an, also den populus, sondern vor allem die plebs, die Unterprivilegierten, die bisher nicht gehört wurden.

Aber er ist mehr als das, er ist eine politisch-rhetorische Operation, die postuliert, dass »die plebs der einzig legitime populus ist« (Laclau), und die die demokratischen und die sozialen Rechte der normalen Leute gegenüber den Eliten und den Oligarchen artikuliert. Populismus ist »die Stimme derer, die aus dem System exkludiert sind«. Er stiftet relative Identität unter heterogenen Gruppen, den Gruppen jener, die sich angesprochen fühlen. Populismus, so verstanden, ist eine widerständige (gegen)hegemoniale Strategie gegen die

Hegemonie der neoliberalen Postpolitik. Laclau: Nur der Populismus »ist politisch; der andere Typus bedeutet den Tod der Politik«.

Es ist dieser Wiederaufstieg eminenter politischer Überzeugungen, vor dem die neoliberalen Eliten Angst haben. Niemand hat das in so verblüffender Offenheit gesagt wie der EU-Ratspräsident Donald Tusk, der Mann, der am Ende der langen Nacht von Brüssel gemeinsam mit Frankreichs Präsidenten François Hollande doch noch einen Kompromiss zwischen Angela Merkel und Alexis Tsipras ausgehandelt hat. Nachdem er sich ausgeschlafen hatte, bestellte Tusk eine Runde handverlesener Journalisten ein und sagte: »Wovor ich wirklich Angst habe, ist diese ideologische oder politische Ansteckung, nicht die finanzielle Ansteckung durch die griechische Krise. Mir erscheint die Atmosphäre schon ähnlich wie in den Jahren nach 1968 in Europa. Ich spüre eine vielleicht nicht revolutionäre Stimmung, aber doch so etwas wie eine verbreitete Ungeduld. Wenn Ungeduld nicht zu einer individuellen, sondern zu einer sozialen Emotion wird, dann ist das meist der erste Schritt zu Revolutionen.«

Rückeroberung der Demokratie versus »La Kasta« – das spanische Exempel

Was das Beispiel Griechenland aber genauso zeigt ist: Es geht nicht nur um einen Kampf mit zwei Playern: um neue linke Parteien und, sofern diese gewinnen, um neue linke Regierungen, die in einem Kampf mit den postdemokratischen technokratischen Establishments stehen, sondern um ein Tauziehen, einen Grabenkampf mit mehreren Akteuren. Es sind die Bürger und Bürgerinnen selbst, die sich in zivilgesellschaftlichen Organisationen und neuen Bewegungen, in NGOs und in anderen Formen zusammenschließen, aber auch in kooperativen Netzen, die auf den ersten Blick gar nicht sonderlich politisch erscheinen, seien das nun Solidaritätskliniken für die Schwächsten oder scheinbar kommerzielle Start-ups der Tech-Branchen. Das sind aber die eigentlichen Triebkräfte des ökonomisch-politischen Widerstandes – und auch der ökonomischen Transformation. Ohne diese Netzwerke an der Basis wäre Syriza nie ins Amt gewählt worden. Wer glaubt, Syriza sei einfach ein raffiniertes Parteiprojekt mit einer klugen Medienstrategie und einem charismatischen Anführer, das sich die Wut der Leute zunutze gemacht und deshalb gewonnen habe – der liegt vielleicht nicht völlig falsch, aber am eigentlichen Kern der Sache geht eine solche Analyse trotzdem meilenweit vorbei.

Ein gar nicht so viel anderes Bild bietet sich, wenn man sich in den anderen sogenannten Krisenstaaten an der Peripherie Europas heute umsieht, etwa in Spanien. Von den nordöstlichen Vororten der Wohlhabenden spaziere ich durch die Innenstadt, durch das verwinkelte Malasaña, ins Zentrum Madrids, hinunter in den Szenebezirk Lavapiés. Im Herzen der Stadt, der berühmten Porta del Sol, schieben sich die Touristenmassen. Hier hat in einem gewissen Sinne die politische Neugestaltung Spaniens begonnen, damals, am 15. Mai 2011. Anti-Austeritäts-Demonstranten haben den Platz besetzt und hier ihr spanisches »Occupy«-Camp errichtet. Die »Indignados«, »die Wütenden«, haben sie sich genannt. Damals hat die wütende Protestbewegung mit zur Abwahl der sozialdemokratischen PSOE beigetragen, die – völlig überfordert von der für sie überraschenden Finanzkrise – alle Austeritätsmaßnahmen exekutiert hat. Der Aufstand hat aber indirekt auch zum Wahlsieg der Konservativen PP geführt, weil es keine politische Formation gab, die die Empörung und Enttäuschung in politische Kraft umwandeln konnte.

Zunächst aber war diese Bewegung eine Bewegung ganz neuer Art, die auch die alten, eher traditionell orientierten linken Aktivisten völlig überrascht hat. In gewissem Sinn war die Bewegung sogar »unpolitisch«. So fomuliert der Berliner Autor und Kenner dieser Bewegungen Raul Zelik: »Der Eindruck, dass hier Liberale, Unpolitische, Freie-Software-Aktivisten und Linke gleichermaßen Platz haben, täuscht nicht. Es ist vermutlich sogar so, dass viele der Protestierenden die genannten Eigenschaften in ein und derselben Person vereinigen. Die 300 000 Menschen, die am 15. Mai 2011 auf über achtzig Plätzen in Spanien zusammenkommen, sind ein bisschen liberal, in bisschen links, ein bisschen internet-affin und politisch oft völlig unerfahren.« Aber gerade weil sie politisch völlig unerfahren sind, kommen sie auf völlig neue Ideen der Organisation und der Selbstinszenierung von Bewegungen, auf die routinierte Aktivisten gar nicht mehr kämen, und entwickeln völlig neue Umgangsformen, die auch den linken Parteien oft fremd sind – und auf die die meisten linken Parteien mit Fremdeln reagieren, auf die sich andere linke Parteien aber einlassen und sie adaptieren, was der Königsweg zum Erfolg linker Parteien ist.

»Podemos« – die spanische Syriza?

»All den Hyänen auf dem Lohnzettel der globalen Finanzmächte sagen wir, von heute an sind wir stolz darauf, aus dem Süden zu sein, denn mit dem Süden beginnend werden wir ganz Europa und allen Völkern Europas die Würde zurückgeben, die ihnen zukommt«, sagt Pablo Iglesias. Daheim in Spanien ist der Mann längst ein Star. »La Coleta«, »der Pferdeschwanz«, so nennen ihn die Leute.

Schon sehen viele in Pablo Iglesias, den Posterboy der neuen, radikal linken Podemos-Partei, so etwas wie den »spanischen Tsipras«. Dabei sind die Unterschiede signifikant. Während Syriza eine seit einigen Jahren existierende Linkspartei ist, die ihrerseits ein Zusammenschluss verschiedener kleiner Linksparteien war, die teilweise seit Jahrzehnten existierten, also »von unten« über Jahre gewachsen ist, ist Podemos so etwas wie ein Top-Down-Parteiprojekt, aus der Taufe gehoben von einer Handvoll bester Freunde – die meisten linke Akademiker und Professoren von der Universität Madrid.

Es ist erst ein paar Jahre her, da hat Iglesias, damals 29 Jahre alt, mit Pferdeschwanz und Piercing in der Augenbraue, zu Beginn des Studienjahres seine Studierenden die Szene aus dem »Club der toten Dichter« nachstellen lassen, in der einer nach dem anderen auf den Stuhl steigt und »Captain, my Captain« sagt – als Exempel für Macht und Herrschaft auf der einen Seite, aber eben auch für die Kraft, die darin liegt, die Macht herauszufordern – so jedenfalls berichtet es der »Guardian«. Der Politikprofessor Iglesias kennt sich aus mit Macht und Gegenmacht – seine Doktorarbeit hat er über zivilen Ungehorsam und die Anti-Globalisierungs-Proteste geschrieben. Wenige Jahre später, im Januar 2014, stieg Iglesias mit einer Handvoll Freunde selbst – metaphorisch gesprochen – auf die Klassentische. In einem kleinen Theater in Lavapiés hoben sie Podemos aus der Taufe.

»Die, die die Macht haben, regieren noch, aber es gelingt ihnen nicht mehr, die Leute zu überzeugen«, sagt Iñigo Errejón, der brillante Parteiintellektuelle, die Nummer zwei in der Partei. Ein bisschen sieht Errejón wie Harry Potter aus mit seinem Bubengesicht und seiner Intellektuellenbrille. Seine Doktorarbeit hat er über Evo Morales, die lateinamerikanische Linke, die Transformation in Bolivien und die Hegemonietheorie von Antonio Gramsci, Ernesto Laclau und Chantal Mouffe verfasst. Jenem schon erwähnten Ernesto Laclau, der die wichtigsten Gedanken zu einem »linken Populismus« entwickelt hat, und seiner langjährigen Lebensgefährtin Chantal Mouffe, der Stichwortgeberin einer »linken Linken«, die seit Jahrzehnten den Mittelwegskurs der Sozialdemokraten geißelt, weil sie meint, Demokratie brauche den »agonistischen Konflikt« (also nicht den antagonistischen »Krieg«, aber den klar konturierten, aber nicht kompromisslosen Konflikt unterschiedlicher Alternativen), und die es als die wichtigste Voraussetzung für progressive Politik ansieht, ein »Wir« zu formieren, ein »Wir« versus ein »Sie«.

Die Podemos-Frontleute sind dankbare Schüler dieser Theorien. »Die Linke muss mehr wie das Volk aussehen«, meint Podemos-Anführer Pablo Iglesias. Ziel ist es, eine diskursive Struktur zu schaffen, »die den unterprivilegierten Schichten und den verarmten Mittelklassen die Möglichkeit gibt, sich zu identifizieren und sich im Bild eines neuen ›Wir‹ wiederzufinden, das einem ›Sie‹ gegenübersteht, den Gegnern: den alten Eliten«. Dafür hat Podemos schon einen knackigen Slogan gefunden: »La Kasta«, die Kaste der Etablierten, der da oben, das korrupte etablierte politische System.

Chantal Mouffe ist viel unterwegs. Unlängst hat sie mit Iñigo Errejón ein Buch herausgebracht, das schon im Titel programmatisch ist. »Construir Pueblo«, was man am besten mit »das Volk schaffen« übersetzt. Als ich die 72-jährige Philosophieprofessorin treffe, kommt sie gerade aus Quito, der Hauptstadt Ecuadors, wo der moderne linke Sozialist Rafael Correa regiert. Gleich danach wird sie sich mit Errejón in Argentinien treffen. Und zwischendurch verfolgt sie alle spannenden politischen Experimente in Europa. »Ist es nicht erstaunlich, was mit der Labour Party gerade geschieht? Mit Corbyn! Wer hätte das gedacht, dass sich eine Partei wie Labour noch von innen erneuern kann!?«, sagt sie und fragt mich gleich, wie es denn in Österreich so aussieht.

»Iñigo ist brillant«, sagt sie. »Er und Pablo sind ein großartiges Team. Es war auch sehr richtig, dass sie sich bei den griechischen Wahlen entschlossen auf die Seite von Tsipras gestellt haben. Der Sieg von Tsipras ist jetzt auch ganz wichtig für Podemos, weil eine Niederlage auch in Spanien Stimmen gestärkt hätte, die die Linke am liebsten als Eintagsfliege ansehen würden.« Und sie fügt hinzu: »Iñigo und Pablo agieren ganz richtig. In einer ohnehin schwierigen Situation versuchen sie eine Linke so zu etablieren, dass sie nicht nur diejenigen anspricht, die immer schon zur Linken zählten, sondern auch unzufriedene Ex-Wähler der Konservativen beispielsweise.«

Podemos ist eine Linke, die sich nicht ins linke Grüppchenwesen verpuppt, sondern um Mehrheiten kämpft. »Ein politischer Kampf ist ein Kampf um die Bedeutung von Worten«, sagt Pablo Iglesias. Du musst mit Worten kämpfen. Du kannst dich auch zur Karikatur machen, zu einem lächerlichen superlinken Militanten, der immer einsam bleibt, über den globalen Kapitalismus jammert und den niemand versteht. Aber du musst die Medien nutzen. Du musst eine neue Sprache sprechen. Du musst versuchen, eine neue Mehrheit zu formen.« Du musst, hat er an anderer Stelle gesagt, eine »Identität herstellen zwischen deiner Analyse und dem, was die Mehrheit fühlt. Denn viele normale Menschen, die Arbeiter, sie ziehen den Feind dir vor«, formulierte er, an einen imaginären, akademisch geschulten, im marxistischen Jargon formulierenden Linken gerichtet. »Sie ziehen den Feind dir vor, weil sie ihn verstehen, wenn er spricht. Dich verstehen sie nicht. Ja, vielleicht hast du ja recht mit dem, was du sagst. Aber sie werden dir nicht glauben, wenn du dich nicht verständlich machst. Vielleicht kannst du ja deine Kinder bitten, später einmal auf deinen Grabstein zu schreiben: ›Er hatte immer recht – aber es hat nie jemand davon erfahren.‹«

Als Top-Down-Parteiprojekt ist die Partei ein wenig an den linken Bürgerbewegungen vorbeigegründet worden. Das führt notgedrungen zu gewissen Rivalitäten. Die Grassroots-Bewegungen, die besonders in der Krise an Bedeutung gewannen, wollen sich aber verständlicherweise jetzt nicht einfach der Bewegung um Iglesias unterordnen. Bei den Kommunalwahlen im Frühjahr

2015 hat man dieses Problem elegant gelöst. Podemos ist in den wichtigsten Kommunen in Wahlbündnissen angetreten, in Madrid etwa als Bürgerallianz »Ahora Madrid« und in Barcelona in dem Bündnis »Barcelona en Comú«. In gewissem Sinne kann man sagen: Podemos hat den Graswurzelbewegungen den Vortritt gelassen, und mit dieser Strategie konnte man glänzende Erfolge feiern. Mit der charismatischen Ada Colau in Barcelona und der Menschenrechtsaktivistin und ehemaligen Richterin Manuela Carmena stellen die Linken in den beiden großen Metropolen die Bürgermeisterinnen, und auch in anderen Städten und Regionen gibt es bunte linke Mehrheiten.

Colau etwa war eine der führenden Aktivistinnen der Bewegung gegen die Zwangsräumungen (PAH), die verschuldete Mieter und Wohungsinhaber gegen Räumungen durch die Banken schützten, oft in spektakulären Blockadeaktionen, die zur Verhaftung der Aktivisten und Aktivistinnen führten. »Wenn wir ungerechte Gesetze haben, dann muss man diese ungerechten Gesetze massiv missachten, um die Menschenrechte zu verteidigen«, sagt Ada Colau. Die neue Bürgermeisterin ist eine der zentralen linken Figuren jenseits von Podemos. Die ökonomische Krise, so ihre Analyse, führte zu einer massiven »demokratischen Krise«, oder besser, sie legte die demokratische Krise erst offen: »Wir haben eine Form der Regierung, bei der die politischen Eliten ein kuscheliges Verhältnis mit den ökonomischen Eliten haben, was die Wirtschaft des Landes ruinierte (...) Man hat uns die Demokratie gestohlen, und weil das viele Leute gemerkt haben, führte das zu vielen Graswurzel-Mobilisierungen.« Über 89 Prozent der

Spanier haben in einer Umfrage die Aktionen von PAH unterstützt.

Mit Guillem Martínez treffe ich mich in dem Viertel südlich der Rambla, also der zentralen Flanier-, Durchzug- und Gesellschaftsmeile von Barcelona. Traditionell ist diese »Südzone« der Beginn der ärmeren Viertel, früher waren das die Arbeiterbezirke, während nördlich der Rambla die Geschäftsviertel und bürgerlicheren Wohngegenden waren. Jetzt ist das hier eher eine Mischung aus Bobo-, Studenten-, Migranten- und Arbeiterviertel, hier geht Barcelona, wenn man solche Vergleiche anstellen will, fließend vom Typus »Prenzlauer Berg« in den Typus »Wedding« über (auch wenn das in seiner kleinen Verwinkelung völlig anders aussieht natürlich).

Martínez ist einer der führenden linken katalanischen Intellektuellen, Buchautor, Essayist, Journalist. Er schreibt auch immer noch für die führende liberal-bürgerliche Tageszeitung »El País«. »Die konservative Volkspartei und die sozialdemokratische PSOE werden zerbrechen in diesem politischen Prozess«, prophezeit er. Aber dabei blickt er gar nicht optimistisch über seine randlose Brille, und zwar weil er fürchtet, dass der Beitrag Kataloniens zum Aufschwung der Linken gering ausfallen wird. »Hier dreht sich einfach alles um die Unabhängigkeit. Das ist seit Jahrzehnten das einzige Thema. Und seit der Finanzkrise ist das das einzige Mantra, diese Thematik: ›Spanien nimmt uns alles.‹ ›Wenn wir nicht bei Spanien wären, wären wir reich, wir hätten einen ordentlichen Wohlfahrtsstaat‹ und so weiter.« Auf den Balkonen über uns flattern die katalanischen Flaggen.

Es ist ein seltsamer Nationalismus – nämlich einer, der nicht wirklich nationalistisch ist, sondern mehr sozial und demokratisch motiviert. Das hat natürlich mit der Geschichte zu tun, demokratische Aufbrüche waren in Katalonien immer gegen den autoritären Nationalstaat des imperialen Zentralspanien gerichtet, und das blieb auch so, als sich demokratische und soziale Revolten zusammentaten.

Barcelona ist mythisches Territorium der europäischen Linken. Am oberen Teil der Rambla, gleich beim Plaça de Catalunya, luge ich in das legendäre »Hotel Continental« hinein. Die unteren Etagen sind heute Ladenzeilen, in den oberen Stockwerken ist noch immer das Hotel, kitschig kaputt renoviert mit Blümchentapeten und Zimmern in Rosa. Hier hat Ende der 1930er Jahre George Orwell gewohnt, als der Spanische Bürgerkrieg zwischen der linken republikanischen Regierung und Francos Faschisten in den innerlinken Bürgerkrieg zwischen Anarchisten und den Milizen der linken Arbeiterpartei POUM auf der einen Seite und den Stalinhörigen Kommunisten auf der anderen Seite überging. Hier musste sich Orwell inkognito rein- und rausschleichen, um nicht verhaftet zu werden. Seine Tagebuchnotizen aus dem Spanischen Bürgerkrieg wurden hier von der kommunistischen Geheimpolizei konfisziert, sodass er sein legendäres Buch »Homage to Catalonia« mehr oder weniger aus dem Gedächtnis schreiben musste. Hier wogten die Straßenkämpfe hin und her, die Menschen flüchteten sich in die Metrostationen.

Ist diese Geschichte des heroischen Kataloniens, auch des anarchistischen Kataloniens noch Teil des kollektiven Gedächtnisses? Mein Freund Guillem Martínez denkt lange nach. »Natürlich sind diese Traditionen heute vergessen. Was von der anarchistischen Tradition noch nachwirkt, ist, dass sich die Katalanen nicht sonderlich um den Staat scheren – weder den spanischen noch den katalanischen. Für uns ist unsere Heimat unsere Stadt, unsere Kommune. Für die normalen Bürger ist die Zeit des Bürgerkrieges aber kein besonders positiver Bezugspunkt. Aus einem einfachen Grund: Für Generationen war diese Zeit einfach die Zeit des Chaos, eine Zeit von Angst, von Krieg, von Elend, die noch dazu mit einer Niederlage endete. Das ist nicht als positive Heldengeschichte ins kollektive Gedächtnis eingegangen.«

Während ich die letzten Zeilen dieses Buches schreibe, geht der Wahlkampf in Spanien in die entscheidenden Wochen. Kein Mensch weiß, wer die Nase vorn haben wird – eine linke Allianz aus sozialdemokratischer PSOE, linker Podemos und den neuen Bürgerbewegungen? Und wenn – werden sie zu einer tragfähigen Regierung finden? Aber das sind Fragen der praktischen »Politik-Politik« mit ihren Winkelzügen und Intrigen. Was aber Spanien genauso wie Griechenland zeigt, aber auch spektakuläre Erneuerungsbewegungen in traditionellen Sozialdemokratien wie der Labour Party, wo der Außenseiterkandidat Jeremy Corbyn in einer Urwahl zum Parteichef gewählt wurde, ist Folgendes: Es sind die neuen Akteure der Zivilgesellschaft, also zig- oder hunderttausende normale Menschen, die nicht länger hinnehmen wollen, dass planlose Eliten von oben herab regieren, die neuen demokratischen Aufbrüchen die Energie zuführen. Parteien können diese Energie dann positiv transformieren, sich zu Repräsentanten dieser demokratischen und sozialen Sehnsüchte machen – oder sie können daran scheitern, sofern Sie es überhaupt versuchen.

Das Zeitalter der Angst

Wo das aber geschieht, wird sehr schnell klar: Die herrschenden Eliten schlagen unerbittlich zurück. Die griechische Regierung wurde von einer geschlossenen Phalanx der neokonservativen Rädelsführer in Europa über die Klippe gestoßen. Als im Herbst 2015 dann auch in Portugal die Sozialdemokraten gemeinsam mit zwei kleineren Linksparteien bei den Parlamentswahlen die Mehrheit der Abgeordneten gewannen und eine gemeinsame Regierungsbildung verabredeten, verhinderte der konservative Präsident zunächst die Bildung einer solchen Regierung und die Bestellung eines Premierministers, der sich auf die Mehrheit im Parlament berufen konnte. Nicht nur dieser unerhörte Vorgang war bezeichnend, sondern auch die Begründung, die dafür mitgeliefert wurde – dass eine linke Anti-Austeritäts-Regierung eine »anti-europäische« Regierung wäre. Langfristig konnte er die Wahl einer Regierung, die die Mehrheit im Parlament hinter sich hat, dann ohnehin nicht verhindern. In Spanien wiederum hat die konservative Regierung eine Reihe von Sicherheitsgesetzen durch das Parlament geboxt. Wer an Aktionen zivilen Ungehorsams teilnimmt, spontane Demonstrationen besucht oder auch nur Links teilt, die im Internet zu solchen aufrufen, dem drohen drakonische Geldstrafen und sogar langjährige Haft.

Ich sitze mit meinem Freund Yanis Varoufakis in einem Café in Wien. »Eine Politik der Angst«, sagt Yanis, das ist es, was die europäische Politik zunehmend kennzeichnet, und zwar auf der Ebene der Europäischen Union wie auch auf der Mikroebene der Mitgliedsstaaten. Die politischen Eliten umgarnen die Bürger nicht mehr mit positiven Versprechen, im Kapitalismus im Krisenmodus ist die Drohkulisse allgegenwärtig: Wenn ihr nicht spurt, wenn ihr nicht tut, was wir von euch verlangen, wenn ihr die Falschen wählt, wenn ihr den Gürtel nicht enger schnallt, wenn die Abgeordneten nicht innerhalb weniger Stunden den Notprogrammen zustimmen, dann droht der Kollaps, dann werden die Finanzmärkte alles verheeren – wie auch immer die jeweiligen Drohrhetoriken lauten. Die Gefahren sind in gewissem Sinne austauschbar, aber die Rhetorik bleibt immer die gleiche.

»Gesellschaft der Angst«, hat der deutsche Soziologe Heinz Bude eine kleine, gefeierte Studie genannt. Die Gegenwart hält, anders als die Vergangenheit, keine Versprechen mehr bereit. Früher war das Versprechen (»die Kinder werden es besser haben« etc.) der Treibstoff gesellschaftlicher Integration, heute ist es das Bedrohungsgefühl. Das moderne Subjekt funktioniert nicht, weil es sich etwas Positives davon erhofft, sondern primär aus Angst. Bude: »Man wird nicht mehr durch eine positive, sondern nur noch durch eine negative Botschaft bei der Stange gehalten.«

SCHLUSS
Wohin vom Kapitalismus aus?

Es war schon eine kleine Sensation, als auch Lawrence Summers im Vorjahr immer häufiger begann, das Thema der »säkularen Stagnation« anzusprechen. Denn der Mann ist nicht irgendwer: Er war Finanzminister unter Bill Clinton, dann Harvard-Präsident, später Hedge-Fonds-Manager und zuletzt der Wirtschaftsberater von Barack Obama. Summers und seine Blase waren es, die die Wirtschaftspolitik der US-Demokraten auf den neoliberalen Pfad geführt haben, sodass der Mann unverdächtig ist, allzu übertriebene linke Ideen zu hegen. An der Wall Street ist er eine Legende, und immer wieder ist zu hören, hätte sich der brillante Ökonom Summers nicht in der Wirtschaftspolitik verzettelt, er wäre ein Anwärter auf den Wirtschaftsnobelpreis. Und jetzt singt sogar so ein Mann dem Kapitalismus sein Todeslied?

Nun, ganz so ist es nicht. Aber Summers wäre eben kein brillanter Ökonom, würde er nicht einigermaßen nüchtern die langfristigen Trends beobachten: Geringes Wachstum, Rückgang der Beschäftigungsquote von Männern im Alter zwischen 25 und 54 Jahren (also der Bevölkerungsgruppe, die traditionell die höchste Beschäftigungsquote aufweist), Rückgang von Investitionen in einer Zeit, in der der Zinssatz für Kredite faktisch bei Null liegt. Schwierigkeiten, auch nur mäßiges Wachstum zustande zu bekommen, ohne noch mehr Kredite in die Wirtschaft zu pumpen, billiges Geld, das aber vor allem in die Finanzmärkte fließt und dort nur zu noch mehr Instabilität führt. »Vielleicht sollten wir die lange Katerstimmung nach einer exzessiven Verschuldungsperiode nicht gleich zu einer ganzen Ära erklären«, gibt Summers zwar zu bedenken – also, vielleicht haben wir nach einem Schuldendebakel, wie es in den Jahren 2008 und den folgenden zutage getreten ist, einfach mit zehn bis zwanzig Jahren des Niederganges zu rechnen, was aber noch nichts über die längerfristige Lebensfähigkeit des Kapitalismus aussagt. Vielleicht wird es ja wieder einmal besser – so um die Jahre 2020 oder 2030. Ganz genau wissen kann man das nicht.

Natürlich hat auch die Analyse, die ich in diesem Buch versucht habe, nicht wasserdicht »bewiesen«, dass der Kapitalismus sterben muss. Wir haben gesehen, wie mit immer mehr schuldengetriebener Stimulierung gerade noch ein wenig Prosperität angekurbelt wird, aber viel zu wenig, um jemals diese Schuldenstände wieder reduzieren zu können, ohne dass es zu dramatischen Katastrophen kommen würde. Wir haben gesehen, wie die Staaten die Banken in Panik gerettet haben, um den sofortigen Zusammenbruch des Kartenhauses zu verhindern, und wir haben gesehen, dass daraufhin auch die Staaten brandgefährliche Schuldenberge angehäuft hatten und in ebensolcher Panik kopflose Austeritätsmaßnahmen durchsetzten, die den Niedergang nur beschleunigt und überall zu Stagnation geführt haben und in den Krisenländern soziale Katastrophen nach sich zogen. Wir haben auch gesehen, wie all das eingebettet ist in eine lang anhaltende Niedergangsperiode des Nachkriegskapitalismus seit den achtziger Jahren, die erst die dramatische Aufblähung eines rein spekulativen Finanzsystems begünstigt hat. Wir haben gesehen, dass sich Vermögen und Einkommen immer mehr konzentrieren, die Schere zwischen den Superreichen und allen anderen immer mehr aufgeht, was einerseits die Krise verschärft und andererseits den herrschenden Eliten so viel Macht gibt, dass es schier aussichtslos erscheint, jene Politik der Umverteilung durchzusetzen, die es möglicherweise noch erlauben würde, das System zu stabilisieren. Wir haben auch einige der ökonomischen Folgen des technologischen Wandels kennengelernt, etwa dessen Beitrag zu sinkenden Löhnen.

Man hätte hier noch einige andere Überlegungen verschiedener Ökonomen über die revolutionären wirtschaftlichen Auswirkungen der Informationstechnologie hinzufügen können. So ist Jeremy Rifkin der Meinung, dass in den zeitgenössischen High-Tech-Branchen, der Informationsökonomie, Internet und 3D-Druck-Produktion die »Grenzkosten« von Produkten gegen Null tendieren, das heißt, anfänglichen Investitionen stehen dann Produkte gegenüber, die faktisch keine Produktionskosten mehr aufweisen. Wenn es aber immer mehr Güter gibt, deren Produktionskosten praktisch gleich Null sind, dann steht ein Grundprinzip des Kapitalismus in Frage: Irgendwann – und zwar recht bald – wird vieles nichts mehr kosten, aber wo kein Preis, da kein Profit. Gerade auf diesem Terrain sind die Dinge noch umstritten und nicht so klar wie etwa bei der Reichtumsverteilung – das ist keine Problematik, zu der man diese oder jene Meinung haben kann, sondern ein unbezweifelbares Faktum.

Aber natürlich gilt für alle Indizien, die hier ausgebreitet wurden: Es handelt sich um gesellschaftliche Prozesse, und es ist immer schwierig, sie in die Zukunft zu extrapolieren, wie die Fachleute sagen, also sie gewissermaßen zu Prognosen zu verlängern. In einem so komplexen System, das noch dazu stets in Bewegung ist, wie der menschlichen Gesellschaft sind Überraschungen nämlich immer möglich. Kurzum: Natürlich ist nicht sicher, dass der Kapitalismus den Geist aufgibt. Aber wir sollten uns angesichts der Indizien, die kaum mehr zu übersehen sind, mit der Vorstellung vertraut machen, dass eben dies sehr gut möglich ist. Letztendlich dämmert es ja den meisten schon, weil es ja auch nicht zu übersehen ist: Die Maschine ist kaputt. Und die Eliten haben keinen Plan, wie sie sie wieder flottbekommen sollen.

Zumal wir eine Problematik hier ja noch nicht einmal gestreift haben, weil ich mich auf das rein ökonomische Funktionieren dieser Wirtschaftsordnung konzentriert habe: die Auswirkungen von ewigem Wachstum auf Ökosystem und Ressourcenverbrauch. Vielleicht wird der Kapitalismus ja ein maßvolles Wachstum erreichen – aber könnte das der Globus überhaupt überleben? Welche politischen Verwerfungen folgen aus einer zunehmend brutalen Konkurrenz um Ressourcen? All dies legt den Schluss nahe, dass es möglicherweise auch außerökonomische Gründe gibt, die diesem Wirtschaftssystem die Totenglocken läuten.

Natürlich haben wir keine Ahnung davon, wie der Kapitalismus »zu Ende« gehen könnte. Mit einem großen Knall? Aber was käme dann? Oder müssen wir uns eher auf so etwas wie einen chronischen langsamen Niedergang gefasst machen, mit kleinen Explosionen, Pleitewellen, wachsender Armut, mit mehr und mehr Staatsbankrotten, mit politischen Krisen, die daraus folgen – also auf das Szenario, das der deutsche Gesellschaftsforscher Wolfgang Streeck gemalt hat.

Vielleicht aber ist auch ein langsamer, sukzessiver Übergang vom kapitalistischen Wirtschaftssystem zu einer anderen Wirtschaftsordnung möglich, und, ja, vielleicht stecken wir schon in diesem Übergang. Das wäre natürlich die beste Möglichkeit, und dieser Übergang schien mir erstmals möglich, als ich mich auf meine Reisen durch das krisengeschüttelte Griechenland gemacht habe.

Erinnern Sie sich noch an die Episoden aus früheren Kapiteln? – Episoden von verschiedenen Formen einer neuen Ökonomie, die sich in Griechenland ausbreiten: Start-ups wie die im »Cube«, dem Co-Working-Space von Maria Calafatis und Stavros Messinis, wo junge Leute ihre Geschäftsideen ausprobieren. Geschäftsprojekte wie etwa »Taxibeat«, das kleine Start-up, das vier Freunde begonnen hatten und so ähnlich wie Uber funktioniert, aber beinahe jede Art von persönlicher Dienstleistung anbietet, die mit Transport zu tun hat. Als die Firma über dreißig Beschäftigte hatte, zog sie aus dem Cube-Co-Working-Space aus – mittlerweile expandierte der Laden nach Brasilien, Frankreich, Norwegen und Rumänien. Nun könnte man natürlich annehmen, es handelt sich dabei um ganz normale Firmen, die einer ganz normalen kapitalistischen Profitlogik folgen: Mit Investorengeld tüfteln Bastler, so wie Bill Gates in seiner berühmten Garage, eine Idee aus, und die meisten dieser Ideen erleiden Schiffbruch, aber einige wenige starten zu einem Höhenflug, und ihre Gründer werden reich. Das ist natürlich eine Seite der Wahrheit.

Die andere Seite der Wahrheit ist jedoch, dass die meisten Firmen dieser Art von Leuten aufgezogen werden, die mit anderen gemeinsam eine Idee in einem kooperativen Geist verwirklichen wollen und die das vor allem tun, weil sie sonst gar keine andere Chance hätten. In einer Wirtschaft in der Depression und ohne einen funktionierenden Sozialstaat ist das die einzige Möglichkeit, ein wenig zu Geld zu kommen – und wenn es anfangs nur ein paar hundert Euro sind. Zugleich sind diese Sektoren der griechischen Ökonomie heute die dynamischsten.

Je mehr ich mich mit diesen Beispielen beschäftigt habe, desto mehr wurde mir klar, dass die vielen Projekte der – am kapitalistischen Weltmarkt extrem erfolgreichen – High-Tech-Start-ups, deren Exporterlöse in Griechenland heute schon um 700 Millionen Euro über jenen der berühmten Olivenölbranche liegen, gar nicht nach einer total anderen Logik funktionieren als die vielen Projekte der Solidarökonomie. Es entsteht vielmehr ein ganzer Sektor, der aus Start-ups besteht, aber auch aus Kooperativen, aus landwirtschaftlichen Produktionsgenossenschaften bzw. Konsumgenossenschaften, oder überhaupt aus Hilfsprojekten wie den Solidaritätskliniken, in denen Ärzte gratis jene Leute behandeln, die keine Krankenversicherung mehr haben.

Ich habe in Thessaloniki mit einer Grundschullehrerin zusammengesessen, die mir beim Abendessen ganz beiläufig erzählt hat, dass in den ersten Jahren der Krise ihre Kinder alle noch die Fassade aufrechtzuerhalten versuchten, auch miteinander konkurrierten, dass aber seit ein oder zwei Jahren ein neuer Solidaritätsgeist eingezogen ist: Man hilft einander, teilt, was man hat. Dass das offensichtlich ein tiefer greifender Mentalitätswandel ist, wurde mir klar, als ich las, dass der Anteil der Griechen, die bereit sind, sich unentgeltlich für das Gemeinwesen zu engagieren, binnen weniger Jahre um 44 Prozent zugenommen hat.

Die Miteinander-Ökonomie

Es gibt hunderte Initiativen dieser Art, die auf den ersten Blick altruistisch und außerökonomisch wirken, die aber in Wirklichkeit die griechische Wirtschaft langsam transferieren: Junge Techniker, die auf das Land ziehen und dort ökologische Landwirtschaft betreiben, gleichzeitig aber ganze Cluster von Dörfern mit freiem WLAN verbinden. Mehr als vierzig selbst organisierte Kliniken im Land. Tauschringe, Zeitbanken, ganze Regionen mit eigenen Parallelwährungen. Unzählige Agrarkooperativen. Leute, die gemeinsam neue Ideen im Tourismus durchsetzen. Eine Mischung aus Geschäftsidee und reiner Sharing-Ökonomie, wobei die einen vielleicht ein wenig mehr den Akzent auf den Kommerz legen, die anderen etwas mehr auf das Sharing. 32 Prozent der Griechen sind heute schon Selbständige oder Freiberufler. Aber sehr viele sind Freiberufler dieser Art – also in einer Wirtschaft tätig, die man auch »Miteinander-Ökonomie« nennen könnte oder »Greeconomy«.

Oder erinnern Sie sich noch an die Arbeiter der Firma VIOME, die ihre Fabrik jetzt in Eigenregie führen und biologische Reinigungsmittel und Seifen herstellen? Sie produzieren Dinge – und sie finden für diese Produkte Abnehmer, jedenfalls genug, um einigermaßen über die Runden zu kommen.

Solche Beispiele zeigen uns auch, dass wir mit den üblichen Vorstellungen aufräumen müssen, die wir so über das Thema »Wettbewerbsfähigkeit« im Kopf haben – dass nur der wettbewerbsfähig ist, der entweder extrem produktiv hochqualitative Produkte herstellt (sagen wir: die Autos von Mercedes), oder derjenige, der möglichst billig Güter des täglichen Bedarfs herstellt (etwa die Kleiderfabriken in Bangladesh). Aber das ist natürlich Unsinn. Wir alle wissen, dass wir manche Güter teuer kaufen, weil sie irgendwie extravagant sind, vielleicht sogar weil wir wissen, dass sie unter fairen bzw. ökologisch korrekten Bedingungen produziert wurden, oder weil sie irgendein anderes »gewisses Extra« haben.

Man kann natürlich der Meinung sein, dass das alles nur ein Tropfen auf den heißen Stein ist, aus der Not geborene Selbsthilfe-Inseln im rauen Meer der echten kapitalistischen Ökonomie. Dass das ein Trugschluss sein könnte, dämmerte mir aber spätestens, als ich mich mit Ioannis Margaris unterhielt, dem stellvertretenden Vorstandsvorsitzenden des öffentlichen Energieversorgers Hellenic Electricity Distribution Network Operator. Der Manager der Elektrizitätsgesellschaft ist vor allem ein avancierter Techniker, er ist also weniger der Buchhaltertyp, sondern derjenige, der sich zukunftsweisende technologische Lösungen ausdenkt. Im Vorstand seines Unternehmens ist er daher vor allem für Innovation und den Umstieg auf erneuerbare Energien zuständig. Das griechische Elektrizitätssystem steht vor einer Reihe von Herausforderungen, aber eben auch vor großen Chancen. Zu den Herausforderungen zählen: Griechenland besteht aus vielen kleinen isolierten Inseln; viele Griechen können aufgrund der Armut ihre Stromrechnungen nicht mehr bezahlen, dennoch versucht die Regierung ihnen eine Basisversorgung zu garantieren. In den letzten Jahren hat ein regelrechter »Solar Bubble« eingesetzt, was wiederum den Nachteil hatte, dass ganze Landstriche der Landwirtschaft entzogen wurden.

Große Windfarmen wurden ebenso aufgezogen wie endlose Felder von Solarpanels errichtet. Dahinter steht die utopische Idee eines europäischen Energiemarktes, in dem etwa Sonnenenergie aus dem Süden über Hochleistungsleitungen in den Norden transportiert wird und dann in gigantischen Pumpspeicherkraftwerken an der skandinavischen Küste gespeichert wird.

Aber Margaris hält wenig von solcher Gigantomanie. Er setzt eher auf eine smarte dezentrale Elektrizitätswirtschaft der Zukunft mit vielen kleinen autonomen Produzenten und Smart Grids, also intelligenten Kleincomputern in jedem Haus, die Produktion und den Verbrauch optimieren. »Die Zukunft liegt in Produktionsclustern«, sagt er, »Griechenland könnte dann auch zu einem Exporteur von Wissen, Expertise und von guten, funktionierenden Beispielen werden.« Zwar fehlen der Regierung natürlich Mittel für große Investitionen, aber, so Margaris, »wenn man gute Projekte hat, dann fließt auch Geld« – gerade im Kontext der europäischen Energiewirtschaft, in der viele Firmen und Elektrizitätsgesellschaften neue Technologien und Organisationsformen erproben wollen. »Aber das wird nicht als Top-Down-Prozess funktionieren, dafür braucht man das

Vertrauen der Bürger und der Konsumenten. Dann wachsen auch kreative Ideen von unten.«

Das ist eher an der dezentralen Idee kooperativer Peer-to-Peer-Netzwerke orientiert, wie man es aus der Sharing-Ökonomie des Internets kennt, wo sich in vernetzten Computern verschiedene Leute Speicherplatz teilen oder sich Dateien gegenseitig zur Verfügung stellen zum wechselseitigen Nutzen und selbstverständlich gratis. Dabei geht es weniger darum, dass die kleinen Stromambieter – etwa Leute, die ein Solarpanel auf dem Dach haben –, sehr viel Geld verdienen, indem sie ihren überschüssigen Strom ins Netz speisen. Sondern eher darum, dass man Kosten reduziert, indem man Strom einspeist, wenn man gerade weniger braucht, und Strom konsumiert, wenn man mehr braucht, als man gerade selbst produzieren kann. Damit nicht zu viel Strom konsumiert wird, wenn das gerade alle tun und er daher teuer ist, braucht es eben in allen Häusern smarte Steuerungen, die – simpel gesagt – organisieren, dass sich die Waschmaschine beispielsweise dann einschaltet, wenn es einen Stromüberschuss gibt. Auf diese Weise kann man Gas- und andere Kraftwerke einsparen, den Ressourcenverbrauch senken, den Großteil der Energie aus erneuerbaren Quellen beziehen, zudem die Abhängigkeit von Russland oder Saudi-Arabien reduzieren und zu alledem auch noch billiger leben.

In einer Sharing-Ökonomie kann man genauso gut oder sogar besser leben als im üblichen Vollkommerzkapitalismus – aber mit weniger Geld.

»Natürlich kann man nicht sagen, dass das ein positives Resultat der Krise ist«, meint Elektrizitätsmanager Margaris. Dazu habe die Krise zu viel zerstörerische Folgen. »Aber es gibt viele Beispiele von kreativen Ideen von unten, von Investitionen in die Commons.«

Bevor er in die Leitung des Energiekonzerns eingezogen ist, war Margaris Forscher an der Technischen Universität, und damals hat er beispielsweise mit der Syriza-Ökonomin Elena Papadopoulou ein wichtiges Kurzpapier über die »Transformation der Produktion« geschrieben. Die Idee dahinter: Wie kann man die Ökonomie langsam so verändern, dass mehr und mehr dezentrale, selbst verwaltete Firmen, Kooperativen und Initiativen eine zunehmend wichtigere Rolle spielen, sodass am Ende eine gemischte Wirtschaft aus privaten Firmen, Staatsunternehmen und Kooperativen sowie alternativen Wirtschaftsformen steht.

Eine Art »Commonismus«

Man muss nur mit offenen Augen durch die Welt gehen, und schon sieht man, dass man eigentlich auf Schritt und Tritt Initiativen, NGOs, Firmen und Kooperativen begegnet, die alle zusammen eine Art Netzwerk bilden, den Nukleus eines Sozialismus neuer Art. Eines Sozialismus oder einer Form von Gemeinwirtschaft, von Miteinander-Ökonomie, die auf der Initiative kleiner Gruppen basiert, völlig dezentral organisiert ist – eines Sozialismus, der nichts mehr mit dem bürokratischen Moloch der früheren Staatswirtschaften gemein hat, weder jenen, wie wir sie aus dem Kommunismus kennen, aber auch nicht mit den Staatsbürokratien des Kapitalismus, wie er vor dreißig Jahren noch bei uns existierte. Und, natürlich, das sind bisher nur kleine Inseln, nur hunderte Initiativen, aber ihr Gewicht und ihre Bedeutung können gar nicht hoch genug eingeschätzt werden – ohne sie wäre die Krise praktisch unüberlebbar.

Vielleicht müssen wir nur lernen, die Dinge richtig zu betrachten. Kennen Sie diese berühmten Vexierbilder, bei denen man, wenn man sie von der einen Seite betrachtet, etwas völlig Chaotisches, Undefinierbares sieht, und erst wenn man richtig hinschaut ein Bild entsteht?

Womöglich ist das mit unserer Ökonomie nicht anders: Wir glauben, wir leben in einer Ökonomie, in der sich alles nur um Kommerz, Profit, Geld, materiellen Reichtum und den daraus resultierenden Status dreht. Und alle anderen Formen des Wirtschaftens, seien es Selbsthilfegruppen, Tauschringe, Kooperativen, kreative Firmenideen, altruistische Hilfsprojekte, erscheinen uns daher als irgendwie außerökonomisch, als Aktivität irgendwelcher Irrer, die komische Spleens haben, als Beschäftigungstherapie für Gutmenschen, die zu viel Zeit haben, oder allenfalls als aus der Not geborene Solidaraktivitäten, die Leute betreiben, um irgendwie zu überleben. Aber vielleicht sehen wir unsere Welt damit ja völlig falsch.

»Ich glaube«, schreibt der britische Wirtschaftsautor Paul Mason, »dass diese Projekte uns eine Rettungsgasse bieten – aber nur, wenn diese Projekte des Micro-Levels gehätschelt werden, wenn wir sie bewerben und wenn sie geschützt werden, indem die Regierungen anders handeln. Aber wir sollten uns und anderen auch sagen: Das sind nicht nur Überlebensprojekte, kleine Befestigungsanlagen in der bösen neoliberalen Welt, sondern sie sind wohl eher neue Lebensformen in einem

Veränderungsprozess (...) Ein neuer Pfad öffnet sich, der der kooperativen Produktion.«

Wir müssen nur mit offenen Augen durch die Welt gehen: Viele Leute auch bei uns modellieren ihre beruflichen Karrieren schon längst nicht mehr danach, ob sie ihnen die höchsten Einkommen oder den höchsten sozialen Status, etwa in Form einer Führungsposition, einbringen – sondern sie ziehen die Tätigkeiten vor, die ihren Talenten und ihren Wünschen entsprechen. Begriffe wie Workflow sind heute in der Managementsprache ganz üblich, womit diese seltsame emotionale Konzentration gemeint ist, die man nur erreichen kann, wenn man in seiner Tätigkeit aufgeht, weil man sie liebt. »Selbstverwirklichung« und »Kreativität« in der Arbeit sind heute ein hoher Wert, und zu diesen Werten zählt für die meisten Leute auch, dass sie gern kooperativ und vertrauensvoll mit Leuten zusammenarbeiten, die die gleichen Werte teilen wie sie und sich für die gleichen Dinge interessieren. Die Menschen sind sehr oft sogar bereit, niedrigere Einkommen in Kauf zu nehmen, um die Dinge tun zu können, die sie gerne tun – nur geht das eben nur bis zu einem bestimmten Grad, wenn die Miete bezahlt werden will und die Lebenshaltungskosten zudem immer steigen. Wie auch immer: Anzunehmen, die meisten Leute seien heute Egozentriker, denen es nur um Geld und Macht geht, wäre ein ziemlicher Unsinn. »Neue Arten von Menschen entstehen in diesen Netzwerk-Ökonomien«, schreibt Paul Mason. »Auch heute schon (...) Wir haben doch alle bereits eine ganz andere Vorstellung unseres ›Selbst‹, als das etwa unsere Großväter oder Großmütter hatten.«

Zu den berühmtesten und zugleich verstörendsten

Texten der Wirtschaftstheorie zählt das Manuskript eines Vortrages, den John Maynard Keynes im Jahr 1930 gehalten hat, auf dem Höhepunkt der Weltwirtschaftskrise. Er trägt den Titel »Wirtschaftliche Möglichkeiten für unsere Enkelkinder« und wagt mitten im Elend der Großen Depression einen Blick in die Zukunft. Keynes wollte, dass wir uns von der Misere nicht täuschen lassen: Zwar habe die kapitalistische Wirtschaftsmaschinerie gerade einen Kolbenreiber erlitten, mit unerhörter materieller Not als Folge, aber gerade in den vergangenen 200 Jahren habe der Reichtum der Menschheit sich dramatisch vervielfacht. In den nächsten 100 Jahren, so Keynes' Prognose, werde der Lebensstandard in den fortschrittlichen Ländern »achtmal so hoch sein (...) wie heute«. Das wäre aber nicht bloß eine gewissermaßen mathematisch-statistische Vervielfachung, sondern würde eine eminente Transformation nach sich ziehen: Es bedeutet, so Keynes, »dass die Menschheit dabei ist, ihr ökonomisches Problem zu lösen«. Die materielle Knappheit wäre Geschichte, mit dramatischen Folgen: Reichtum wäre »nicht länger von so hoher gesellschaftlicher Bedeutung«, mit allen Veränderungen für die »moralischen Maßstäbe«, die das nach sich ziehen würde, vielleicht gäbe es noch immer Leute, die besessen wären von Gier und Reichtumsakkumulation, »aber wir übrigen werden nicht mehr verpflichtet sein, ihnen Beifall zu spenden und sie zu ermutigen«. Die allgemeine Haltung würde sein, dass »Habsucht und Geiz ein Laster (...), die Liebe zum Geld verächtlich ist«.

Keynes lag mit seiner Prognose nicht ganz richtig – um es vorsichtig auszudrücken. Der Reichtum der Menschheit hat sich zwar dramatisch vervielfacht, und wir haben das Potenzial zu einem allgemeinen Wohlstand erreicht, aber mit den Möglichkeiten stiegen auch die Bedürfnisse, ja – mehr noch – mit dem technologischen Fortschritt drohen zugleich immer mehr Menschen den »Race Against the Machine«, also den Wettlauf gegen die Maschinen, zu verlieren, was die absurde Folge hat, dass die technologischen Möglichkeiten viele Menschen nicht befreien, sondern ihnen neuen ökonomischen Druck bescheren.

Die Logik der kapitalistischen Produktion führt zu Krisen, die einen allgemeinen Niedergang inmitten von großem Reichtum zugleich markieren. Aber nichtsdestoweniger ist Keynes' seltsame »Utopie« produktiv, weil sie uns daran erinnert, was eigentlich möglich wäre.

Wir haben Keynes' Utopie sicher noch nicht erreicht, im Gegenteil. Seit fast einem Jahrzehnt stecken sogar viele Gesellschaften des reichen Westens wieder in einer Dystopie, der negativen »Utopie« einer Wirtschaft, die Verelendung endemisch macht, und man sich den großen Krach, der alles zum Erliegen bringt, zumindest ganz gut vorstellen kann. Aber zugleich sind wir auch in einer Phase des eigentümlichen Übergangs, in der verschiedene ökonomische Logiken gleichzeitig existieren. Wir leben in einem Kapitalismus sich verschärfender Krisen – aber zeitgleich vielleicht auch schon im »Post-Kapitalismus«, ohne dass wir das noch richtig begriffen haben.

Eine Transformation, die längst im Gange ist

Mehr und mehr »Güter« und »Dienstleistungen«, die wir wie selbstverständlich benutzen, entziehen sich der kapitalistischen Logik und sperren sich schon ihrer Materialität wegen gegen diese. Das Wissen, das wir mit allen im Internet teilen, was die großen Verlage in die Bredouille bringt und ein paar Unternehmen wie Google oder Facebook, die dieses Wissen nicht produzieren, sondern nur sekundär benutzen, noch ein paar Monopolgewinne einbringt; die Sharing-Ökonomie in der Energiewirtschaft, wie sie Margaris oben skizziert hat und die nicht mehr bloße Zukunftsmusik ist, sondern in vielen Genossenschaften vor allem auf dem Land schon in Ansätzen realisiert wird. Überhaupt zeigt sich in vielen ökonomischen Feldern, dass Kooperativen besser funktionieren als profitorientierte Firmen, weshalb das Genossenschaftswesen, von der Stromerzeugung über die Abwasserbewirtschaftung, vom Bankgeschäft bis zum kommunalen Wohnungsbau, einen neuen Auftrieb erfährt. Und viele Menschen engagieren sich in Non-Profit-»Unternehmen«, deren »Dienstleistungen« wir längst als selbstverständlich ansehen. Viele Sektoren unseres Wirtschaftslebens sind heute »ein Hybrid, teils Markt-, teils Sozialwirtschaft« (Jeremy Rifkin).

Allein in den USA, das nicht gerade als das Heimatland des Sozialismus verschrien ist, beziehen 42 Millionen Haushalte ihre Elektrizität von Non-Profit-Stromkooperativen. Als vor ein paar Jahren die Obama-Regierung eine dieser Genossenschaften, die Tennessee

Valley Authority, privatisieren wollte, haben sogar die lokalen Republikaner gegen diese Idee Front gemacht.

Eine der erfolgreichsten Kooperativen der Welt ist die Mondragón-Genossenschaft im spanischen Baskenland, die Banken und Versicherungen genauso betreibt wie Industrie- und Handelsunternehmen, die Kleidung herstellt und Nahrungsmittel produziert. 85 000 Mitglieder hat diese Kooperative, und sie hat seit Jahren schon einen fixen Platz unter den Top-10-Unternehmen Spaniens.

Aber auch im scheinbar ganz normalen Kommerzbereich experimentieren Firmen mit neuen Organisationsformen. So ist die deutsche Unternehmensberatungsfirma Partake das erste große Unternehmen ganz ohne Hierarchie – die Chefs hat man einfach abgeschafft. In anderen großen Unternehmen wiederum ist man dazu übergegangen, dass die Belegschaft die Führungsetage alle paar Jahre neu wählt – ein Experiment, das durchweg gute Erfahrungen vorzuweisen hat. Oder ein anderes Beispiel, über das unlängst die Schweizer »Wochenzeitung« berichtete:

»Coopsette ist ein überaus erfolgreicher Konzern. Das Unternehmen baut in ganz Norditalien Einkaufszentren, Eisenbahnstrecken, Hafenanlagen, neue Wohnquartiere, Autobahnbrücken, Industriehallen, Parkhäuser und Tramlinien. Im Jahr 2008 erzielte die Firma mit diesen Projekten – die zumeist schlüsselfertig übergeben werden – einen Umsatz von 465 Millionen Euro. Das Besondere an dieser hoch spezialisierten Firma: Sie gehört der Belegschaft.

Coopsette war 1977 aus einer Fusion etlicher Baugenossenschaften in der Provinz Reggio Emilia entstanden, deren Geschichte bis in die Anfänge der norditalienischen Arbeiterbewegung zurückreicht. Dem Zusammenschluss lag die Idee zugrunde, aus den kleinen, nur regional agierenden Kooperativen eine landesweit operierende Genossenschaft zu machen, die auch in der Lage ist, Großprojekte zu bewältigen. Diesem Ziel (und dem Überleben während der Wirtschaftskrise der neunziger Jahre) diente auch die Fusion im Jahre 1990 mit zwei anderen Genossenschaften in Mantua und Reggio (...) Rund 900 Beschäftigte hat Coopsette heute; etwa 600 davon sind Eigentümer und Eigentümerinnen. Sie zahlen beim Eintritt in die Genossenschaft eine Einlage, wählen die Konzernleitung und bestimmen auf den Versammlungen die Grundzüge der Geschäftspolitik. Dabei haben alle eine Stimme – ungeachtet ihrer Anteile. Ihr Lohn liegt etwas unter dem Durchschnitt der Branche, dafür aber erhalten sie am Jahresende eine Gewinnausschüttung; Ende 2009 zum Beispiel bekam jeder Genosse, jede Genossin rund 8000 Euro ausbezahlt. Der Rest des Gewinns geht in Ausbildungsprogramme und Kulturprojekte, finanziert Neuinvestitionen oder dient der Kapitalaufstockung.«

Wir sind so daran gewöhnt, den kapitalistischen Markt nebst der dazugehörigen Regierungsform als die einzig möglichen Organisationsformen wirtschaftlichen Lebens zu sehen, »dass wir dabei ganz das andere Organisationsmodell in unserer Mitte vergessen, auf das wir tagtäglich hinsichtlich einer ganzen Reihe von Gütern und Dienstleistungen angewiesen sind«, schreibt Jeremy Rifkin, und »die weder Markt noch Staat stellen (...) Die heutigen Commons (also die

»Produktion« öffentlich genutzter Gemeingüter) sind der Ort, wo Milliarden von Menschen miteinander den bedeutungsvollen sozialen Aspekten des Lebens nachgehen. Sie setzen sich zusammen aus buchstäblich Millionen von selbstverwalteten, größtenteils demokratisch verwalteten Organisationen: karitative Einrichtungen, Religionsgemeinschaften, künstlerische und kulturelle Gruppen, Stiftungen im Bildungsbereich, Amateursportvereine, Erzeuger-Verbraucher-Gemeinschaften, Kreditgenossenschaften, Organisationen im Gesundheitswesen, Interessenverbände, Hauseigentümergemeinschaften. (...) Dennoch tun wir die sozialen Commons als ›dritten Sektor‹ ab – als wäre er weniger wichtig als Märkte und Staat. Würden wir eines Tages aufwachen und feststellen, dass all die Organisationen der Zivilgesellschaft über Nacht verschwunden sind, die Gesellschaft würde rasch verdorren und eingehen.«

Ein revolutionärer Reformismus

Unsere Gesellschaften könnten gar nicht existieren ohne diese vielen dezentralen Aktivitäten und Initiativen – und sie alle »produzieren« materielle und immaterielle Dinge, die zum allergrößten Teil gar nicht in unsere Reichtumsstatistik, also in das BIP, eingehen. Es ist deshalb sogar sehr gut möglich, dass unser BIP in den nächsten Jahren sinkt, also unser »gemessener Wohlstand« zurückgeht, der reale Reichtum und das reale Wohlbefinden der Menschen aber wächst. Die Voraussetzung dafür ist, dass wir die ökonomische Transformation so organisieren, dass der Rückgang oder die Stagnation des in Marktpreisen gemessenen Reichtums uns nicht terrorisiert.

Bloß, wie ist dieser Übergang zu schaffen? Zunächst einmal, indem man sich ein klares Bild von dem Schlamassel macht, in dem wir stecken. Eine Sackgasse ist normalerweise ein guter Ort, um kehrtzumachen – aber man muss die Sackgasse zunächst erkennen, also die Indizien akzeptieren, die in diesem Buch zusammengetragen wurden, und die es sehr unwahrscheinlich machen, dass wir den Kapitalismus, wie wir ihn in den vergangenen 300 Jahren kannten, noch einmal flottbekommen. Das ist auch eine sehr eigentümliche Herausforderung an die Bewegungen und Parteien, die man üblicherweise »der Linken« zuschlägt.

Ganz grob gesprochen, hatten wir in der Geschichte der Linken zwei historische Stränge: einerseits die radikale Linke, die darauf aus war, ein elementares Ereignis des Systemwechsels herbeizuführen – also »die Revolution« – und danach ein neues System, etwa eine sozialistische Planwirtschaft, zu etablieren. Das wurde eigentlich recht selten ausprobiert und dort, wo es ausprobiert wurde, war es nicht gerade der durchschlagendste Erfolg. Der zweite Traditionsstrang der Linken war der »reformistische«, der zwar in seinen Sonntagsreden eine Zeitlang noch immer eine zukünftige allmähliche Transformation beschwor, tatsächlich aber den Kapitalismus gerechter und stabiler machen wollte – also innerhalb des etablierten Systems agierte. Diese reformerische Linke hatte im Grunde keine eigene Wirtschaftstheorie, sondern hat gewissermaßen die keynesianischen Lehren adoptiert. Diese Linke hat eine Zeitlang bemerkenswerte Erfolge erzielen können.

Was aber, wenn ihr, wie wir gute Gründe haben anzunehmen, gewissermaßen die Basis entzogen wird? Dann brauchte es eine Art von »revolutionärem Reformismus«, der ein System, das an seine Grenzen gelangt ist, sukzessive transformiert. Die Voraussetzung dafür ist, wie gesagt, zunächst einmal, dass man diese neue Wirklichkeit überhaupt begreift.

Ist das einmal gelungen, ist damit aber noch nicht viel erreicht. Menschliche Gesellschaften sind eben keine Expertengesellschaften, in denen, nur weil die Herausforderungen einmal entdeckt sind, das Notwendige schon getan wird. Es gibt immer mächtige Interessengruppen, die ihre Privilegien verteidigen wollen, auch wenn sie insgeheim ahnen, dass sie damit nur mehr Zeit gewinnen können. Gerade mächtige Eliten, die merken, dass ihnen die Felle davonschwimmen, neigen dazu, sich umso verbissener wenigstens noch für ein paar Jahre an ihre Vorherrschaft zu klammern, dem Motto entsprechend: Nach uns die Sintflut.

Es braucht schon eine Bewegung der Menschen selbst, die sich auf ihre Hinterbeine stellen und ein neues Arrangement durchsetzen. Politische Bewegungen, Parteien, Graswurzelallianzen. Manchmal neue Parteien, aber auch jenseits von Parteien und über Parteigrenzen hinaus. Menschen, die sich zusammentun, um sich die Demokratie zurückzuerobern. Denn der ökonomische Niedergang und die Aushöhlung der Demokratie gehen ja, wie wir gesehen haben, Hand in Hand: Aufgrund der ökonomischen Krise werden Notmaßnahmen getroffen, und zwar meist hinter verschlossenen Türen von technokratischen Eliten.

Umverteilung von unten nach oben lässt sich erstens

am leichtesten durchsetzen, wenn die normalen Bürger nichts mitzureden haben, und führt zweitens zur Konzentration wirtschaftlicher Macht, was immer auch ungerechtfertigt große politische Macht der privilegierten Zirkel nach sich zieht. In den Schuldnerstaaten werden ganze Nationen ihrer demokratischen politischen Souveränität beraubt. Man muss sich nur in Erinnerung rufen, dass das Wort »Volksabstimmung« oder »Referendum« heute in den Brüsseler Gängen schon als »schmutziges Wort« gilt. Der Zynismus ist zur vorherrschenden Moral im Spätkapitalismus geworden.

Zugleich aber tun sich immer öfter Menschen zusammen, um kleine oder auch große Ziele zu verwirklichen. Scheinbar »unpolitische« manchmal, wie etwa in der solidarischen Ökonomie, scheinbar rein »humanitäre«, etwa in der Nachbarschaftshilfe oder bei den beeindruckenden Flüchtlingshilfsaktionen der Jahre 2015 und 2016. Oder eben eminent politische Ziele, indem sie sich zu Bewegungen zusammenfinden, die die fatale Austeritätspolitik bekämpfen. Sehr oft verändern sich die Menschen in diesen Aktivitäten, werden von Leuten, die sich bisher ohnmächtig fühlten, zu Akteuren, die ihre Kraft spüren und auch die Freude, die es bringt, sich mit anderen für lohnende Ziele einzusetzen. »Bis gestern habe ich Fernsehen geschaut, aber plötzlich schaut das Fernsehen auf mich«, hat einmal einer dieser Aktivisten erstaunt festgestellt. Sehr oft haben freilich alle diese vielen Menschen das Gefühl, dass ihre Aktivitäten nichts bewirken, dass sie nur punktuell etwas tun, während das »große« politische System, wie auf Autopilot gestellt, weiterfunktioniert und völlig unberührt bleibt. Aber das ist eben womöglich eine Art von optischer

Täuschung. Tatsächlich sind alle diese Aktivitäten Teile einer stillen Transformation, die längst im Gange ist. Wir müssen, wie gesagt, nur genau hinsehen.

LITERATUR

Alinsky, Saul D.: Rules for Radicals. A Practical Primer for Realistic Radicals. New York 1989

Authers, John: The Fearful Rise of Markets. Global Bubbles, Synchronized Meltdowns, and How To Prevent Them in the Future. Mit einem Vorwort von Mohamed A. El-Erian. New Jersey 2010

Balakrishnan, Gopal: Speculations on the Stationary State. In: New Left Review, London September–Oktober 2009. http://newleftreview.org/II/59/gopal-balakrishnan-speculations-on-the-stationary-state

Blyth, Mark: Austerity. The History of a Dangerous Idea. Oxford 2013

Brynjolfsson, Erik/McAfee, Andrew: Race Against the Machine. How the Digital Revolution is Accelerating Innovation, Driving Productivity, and Irreversibly Transforming Employment and the Economy. Lexington, MA, 2011

Brenner, Robert: The Economics of Global Turbulence. The Advanced Capitalist Economies from long Boom to long Downturn. 1945–2005. London/New York 2006

Bude, Heinz: Gesellschaft der Angst. Hamburg 2014

Cooper, George: The Origin of Financial Crises. Central Banks, Credit Bubbles, and the Efficient Market Fallacy. New York 2008

Douzinas, Costas: Philosophy and Resistance in the Crisis. Greece and the Future of Europe. Cambridge, MA, 2013

Dullien, Sebastian, Hansjörg Herr, Christian Kellermann: Der gute Kapitalismus … und was sich dafür nach der Krise ändern müsste. Mit einem Vorwort von Gesine Schwan. Bielefeld 2009

Galbraith, James K.: Inequality and Instability. A Study of the World Economy Just Before the Great Crisis. Oxford 2012

Galbraith, James K.: The End of Normal. The Great Crisis and the Future of Growth. New York 2014

Gordon, Robert J.: Is U. S. Economic Growth Over? Faltering Innovation Confronts the Six Headwinds. Cambridge, MA, 2012. http://www.nber.org/papers/w18315.pdf

Graeber, David: Schulden. Die ersten 5000 Jahre. Stuttgart 2012

Harvey, David: Kapitalismuskritik. Die urbanen Wurzeln der Finanzkrise. Den antikapitalistischen Übergang organisieren. Hamburg 2012

Harvey, David: Rebellische Städte. Berlin 2013

Harvey, David: Siebzehn Widersprüche und das Ende des Kapitalismus. Berlin 2015

Kalecki, Michał: Political Aspects of Full Employment. In: Monthly Review, Mai 2010. http://mrzine.monthlyreview.org/2010/kalecki220510.html

Keynes, John Maynard: The General Theory of Employment, Interest and Money. In: Quarterly Journal of Economics 51/3, 1973.

Keynes, John Maynard: Essays in Persuasion. New York 1963

Keynes, John Maynard: On Air. Der Weltökonom am Mikrofon der BBC. Hamburg 2008

Krugman, Paul: The Austerity Delusion. In: The Guardian, 29. April 2015. http://www.theguardian.com/business/ng-interactive/2015/apr/29/the-austerity-delusion

Kunkel, Benjamin: Utopie oder Untergang. Ein Wegweiser für die gegenwärtige Krise. Berlin 2014

Laclau, Ernesto: On Populist Reason. London 2005

Legrain, Philippe: European Spring. Why Our Economies and Politics are in a Mess – and How to Put Them Right. London 2014

Marx, Karl: Das Kapital, Band 1–3. Berlin 1983

Marx, Karl: Grundrisse der Kritik der politischen Ökonomie (Rohentwurf) 1857–1858. Wien o. J.

Marx, Karl: Theorien über den Mehrwert. Berlin 2000

Mason, Paul: Postcapitalism. A Guide to Our Future. London 2015

Minsky, Hyman P.: Instabilität und Kapitalismus. Zürich 2011

Minsky, Hyman P.: Stabilizing an Unstable Economy. New York 2008

Piketty, Thomas: Capital in the Twenty-First Century, Cambridge/London 2014

Rifkin, Jeremy: Die Null-Grenzkosten-Gesellschaft. Das Internet der Dinge, kollaboratives Gemeingut und der Rückzug des Kapitalismus. Frankfurt/New York 2014

Rotman, David: How Technology Is Destroying Jobs. In: MIT Technology Review, 12. 6. 2013. http://www.technologyreview.com/featuredstory/515926/how-technology-is-destroying-jobs/

Schui, Florian: Austerität. Politik der Sparsamkeit: Die kurze Geschichte eines großen Fehlers. München 2014

Shutt, Harry: Beyond The Profits System. Possibilities for a Post-Capitalist Era. London 2010

Skidelsky, Robert: Keynes. Oxford 1996.

Skidelsky, Robert: Die Rückkehr des Meisters. Keynes für das 21. Jahrhundert. München 2010

Skidelsky, Robert u. Edward: Wie viel ist genug? Vom Wachstumswahn zu einer Ökonomie des guten Lebens. München 2013

Stiglitz, Joseph: Der Preis der Ungleichheit. Wie die Spaltung der Gesellschaft unsere Zukunft bedroht. München 2012

Streeck, Wolfgang: Gekaufte Zeit. Die vertagte Krise des demokratischen Kapitalismus. Berlin 2013

Streeck, Wolfgang: How Will Capitalism End? In: New Left Review 87, Mai–Juni 2014. http://newleftreview.org/II/87/wolfgang-streeck-how-will-capitalism-end

Summers, Lawrence H.: U. S. Economic Prospects: Secular Stagnation, Hysteresis, and the Zero Lower Bound. Business Economics 49, 2, 2014. http://larrysummers.com/wp-content/uploads/2014/06/NABE-speech-Lawrence-H.-Summers1.pdf

Varoufakis, Yanis: Der globale Minotaurus. Amerika und die Zukunft der Weltwirtschaft. München 2012

Varoufakis, Yanis: Rettet den Kapitalismus! In: WOZ Die Wochenzeitung, 26. 2. 2015. https://www.woz.ch/-5a79

Vogl, Joseph: Das Gespenst des Kapitals. Zürich 2010

Wallerstein, Immanuel / Randall, Collins / Mann, Michael / Derluguian, Georgi / Calhoun, Craig: Stirbt der Kapitalismus? Frankfurt / New York 2014

Raul Zelik: Mit PODEMOS zur demokratischen Revolution? Krise und Aufbruch in Spanien. Berlin 2015